관세음보살 42수 진언

आर्यावलोकितेश्वराया दविचत्वरिंशत् मुद्रा धरनि

Āryavalokiteśvārayā Dvicatvārimśat Mudrā Dharāni

아르야발로키테스바라야 드비차트바림사트 무드라 다라니

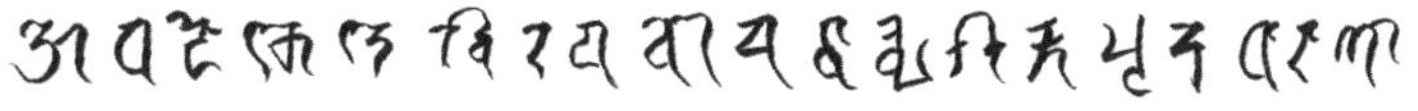

觀世音菩薩　四十二手 眞言

박지명

영남대 국문과를 졸업하고 1974년부터 인도명상을 시작하였다. 오랫동안 인도에 머물면서 상카라촤리야(Shankaracharya)와 아드바이트 마트(Advait Mat) 법맥인 스승 스와미 사르바다난드 마하라즈(Swami Sarvadanand Mahaaraj)에게 인도명상과 인도의 수행체계와 산스크리트 경전을 공부하였다. 현재 산스크리트 문화원(Sanskrit Cultural Institute)과 그 부설인 히말라야명상센터(Himalaya Meditation Center)를 세워 자아회귀명상(自我回歸冥想)인 <스바 삼 비드야 드야나(Sva Sam Vidya Dhyana)>를 가르치고, 산스크리트 경전들을 번역하며 보급하고 가르치고 있다.
저서로는 《요가수트라》(아마존(Amazon)출판사), 《하타요가프라디피카》(아마존(Amazon)출판사), 《바가바드 기타》(동문선), 《우파니샤드》(동문선), 《베다》(동문선), 《반야심경》(동문선), 《범어 불교진언집》(하남출판사), 《범어 능엄주진언》(하남출판사), 《범어 신묘장구대다라니》(하남출판사), 《인도호흡명상》(하남출판사), 《양·한방 자연요법 내 몸 건강백과》(웅진윙스), 《호흡명상》(물병자리), 《명상교전－비그야나바이라바 탄트라》(지혜의 나무) 등 외 다수가 있으며, 역서로는 《모든 것은 내 안에 있다》(지혜의 나무), 《히말라야성자들》(아힘신), 《요가》(하남출판사), 《자연요법백과 시리즈》(하남출판사), 《마음 밖에는 아무것도 없다》(물병자리) 등 외 다수가 있다.

● 홈페이지 www.sanskrit.or.kr / 전화 02－747－3351

관세음보살 42수 진언

지은이 | 박지명 편저
펴낸이 | 배기순
펴낸곳 | 하남출판사

초판1쇄 발행 | 2018년 4월 30일
초판2쇄 발행 | 2022년 7월 15일
등록번호 | 제10－0221호

서울시 마포구 도화동 173(삼창프라자) 1521호
전화 (02)720－3211(代) | 팩스 (02)720－0312
홈페이지 http://www.hnp.co.kr
e-mail : hanamp@chollian.net

ISBN 978-89-7534-238-7(93220)

관세음보살 42수 진언

आर्यावलोकितेश्वराया दविचत्वरिंशत् मुद्रा धरनि

Āryavalokiteśvārayā Dvicatvārimśat Mudrā Dharāni

아르야발로키테스바라야 드비차트바림사트 무드라 다라니

觀世音菩薩 四十二手 眞言

하남출판사

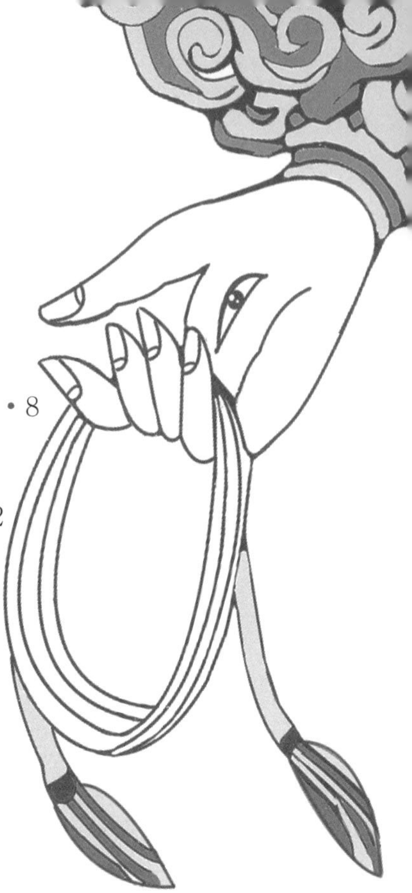

목차

서문

본문

산스크리트어 관세음보살 42수 진언을 펴내며

대부분의 불교경전이 그러하듯이 산스크리트 원본은 전하지 않으며 산스크리트(Sanskrit)어를 실담어(悉曇語)로 판각한 경전에는 전하여지는데 이 경전은 관음보살주경(觀音菩薩呪經)으로 알려져 있다. 활자본 1권이 전해지며 이 경전은 1476년 조선시대의 성종 7년에 간행하였다.

원래의 책이름은 천수천안관자재보살광대원만무애대자심대다라니계청(千手千眼觀自在菩薩廣大圓滿無碍大慈心大陀羅尼啓請)이며 천수경(千手經), 화천수(畵千手)라고도 한다. 42가지 부처님의 말씀인 42수 진언(四十二手眞言)을 설명하고 진언의 상단에는 그 내용을 그림으로 표현하였다.

이 관세음보살(觀世音菩薩) 42수(手) 진언 경전을 산스크리트어로 풀어본다면 아르야발로키테스바라야 드비차트바림사트 무드라 다라니(Āryavalokiteśvārayā Dvicatvārimśat Mudrā Dharāni)이다. 여기에 나오는 산스크리트의 원본이 없기에 최대한 실담(Siddam)어에서 표기된 단어와 한글의 발음을 살려 진언(眞言) 또는 만트라(Mantra)에 가까운 발음을 골라 표기하여 보았다. 정확하게 말한다면 실담어와 한글로 된 진언을 유추하여 이 42수의 진언을 최대한 다시 산스크리트로 채색하였다.

이렇게 하는 것은 의미가 없을 수도 있으나 이 관세음보살 42수 진언이 다른 곳에서는 찾아보기가 쉽지가 않았다. 세계에서 오직 남은 이 실담어와 한글 고어의 진언이 너무나 아까워 여러 경로로 유추하고 찾아 들어가보기도 하고 특히 티벳(Tibet)어의 만트라 경전도 찾아보았으나 정확하게 비슷한 자료는 없었던 것 같다. 이 42수 진언은 아마 실담자기(悉曇字記)와 함께 조선시대에 왕비나 왕가의 안위를 기원하는 마음에서 많은 전문가나 학자들에게 의뢰하여 만들어졌을 것이다.

원래의 텍스트를 어떤 것으로 보고 한지는 모르나 이 화천수(畵千手)는 그 때의 문화가 같이 녹아 들어 진언인 만트라와 경전인 수트라(Sutra)와 손의 모양인 수인(手印)인 무드라(Mudra)가 하나의 책자에 어우러져 기원하는 마음이 전해져 오는 보물이다. 이것은 종교를 떠나 종교, 글, 풍습 등의 복합적인 문화가 어우러진 귀중한 텍스트이기에 새롭게 시도를 하여 보았다.

이 경전을 바탕으로 우리나라 밖에 없는 42수의 진언을 더욱 빛내주길 바라는 마음에서 과감하게 시도하여 보았다. 여기에 나오는 기원의 여러 뜻이 일상에 찌들어 있고 힘들어 하는 사람들에게 종교를 넘어 새로운 문화적인 접근으로 다가갔으면 하는 마음이다.

이 관세음보살 42수 경전이 나오기까지 격려해 준 손지산 형님과 서말희 형수님께 감사드리며 불교에 관심 많은 나의 가족들과 제자 이정훈, 최은진, 남경언, 김영창, 이수진, 정진희, 김윤정, 최효겸, 하정자씨 그리고 이 책 작업에 도움을 준 강승찬씨와 책을 출판해 준 하남출판사 사장님께 감사드린다. 마지막으로 이 범어(梵語) 또는 산스크리트로 된 관세음보살의 42수 진언의 가피(加被)를 통하여 많은 사람들이 힘든 세상을 잘 이겨 나갈 수 있기를 바란다.

무드라(Mudrā) 또는 수인(手印)의 역사

대부분의 불교경전이 무드라(Mudrā)라는 정확한 뜻은 산스크리트어로 도장을 찍듯이 “봉인(封印)하다” 또는 “밀봉(密封)하다”, “표시하다”, “몸짓이나 제스처를 하다” 이며 인도의 흰두교에서는 무드라(Mudrā)로 티벳 불교에서는 차크갸(Chakgya)라고 말하며 종교적인 의식을 행할 때 쓰는 몸 전체나 손과 손가락의 동작들의 움직임을 말한다.

무드라는 손 또는 수(手)을 통하여 고대로부터 마음과 몸을 연결시키는 움직임지만 사실상 그것의 동작을 통하여 하나의 에너지 또는 모습의 형태로 나타나는 인(印)을 표현하게 된다. 이것은 단순히 손인 산스크리트어의 하스타(Hasta)를 말하지만 우주의 표현을 말하고 몸의 전체 동작을 말하는 것이다.

이것은 인도의 경전이나 불교의 경전에도 나타나 있지만 밀교(密敎)라고 알려진 탄트라(Tantra)의 경전이나 수행자들에 의해 체계적으로 전달되고 있다.

인도의 나트야 사스트라(Nātyaśāstra)라는 경전에는 수십가지의 손과 손가락의 동작의 조합으로 수인(手印)을 만들어내는 것을 말하였다. 더 나아가 몸 동작에도 표현하였으며 명상을 하는 동작에도 표현하였다.

인도 요가(Yoga)와 춤의 수 십 가지 무드라와 불교 수행전통의 수 백 가지의 무드라들이 각기 다르게 전승되어 내려오고 있다. 인도의 요가 경전 중에 게란다 삼히타(Gheranada Samhita)에서는 25가지의 무드라의 동작을 말하며 하타요가 프라디피카(Hatayoga Pradipika) 경전에는 12가지 무드라의 동작을 말하고 시바 삼히타(Siva Samhita) 에서는 13가지 동작을 말하였다.

특히 티벳 불교나 일본 불교에서는 이 수행법을 직접 진언(眞言)인 만트라(Mantra)와 그리고 형상인 만다라(Mandala)나 얀트라(Yantra)를 동시에 수행 실천하면서 무드라인 수인(手印) 동작을 행하고 있다.

우리나라에는 덜 익숙하지만 인도나 티벳이나 일본불교에서는 제례 의식이나 불의 의식인 호마(Homa)의식을 행할 때에 진언인 만트라를 외우면서 손동작인 무드라 또는 수인(手印) 동작을 행하는 것이다. 이것은 왜 행하는가?

그것은 생각과 말을 통한 진언인 만트라나 경전(經典)을 암송하는 수트라(Sutra)를 하거나 몸의 모든 동작인 오체투지로 절을 하거나 아니면 손동작인 무드라를 하면서 부처님께 예배함으로서 자신의 생각이 더욱 간절하게 예배 하는 행위가 되는 것이다.

이러한 행위 자체가 마치 연극배우나 오페라의 배우가 진정으로 자신이 구가(謳歌)하는 진정한 행위에 강한 의미를 줄 수 있는 위대한 전통이 되는 것이다. 이러한 수인의 동작이 진언과 깊은 뜻을 가질 때 자신이 스스로 불보살(佛菩薩)과 관세음보살(觀世音菩薩)에 대한 예배이면서 기원하는 것이다.

무드라(Mudrā) 또는 수인(手印)에 대하여

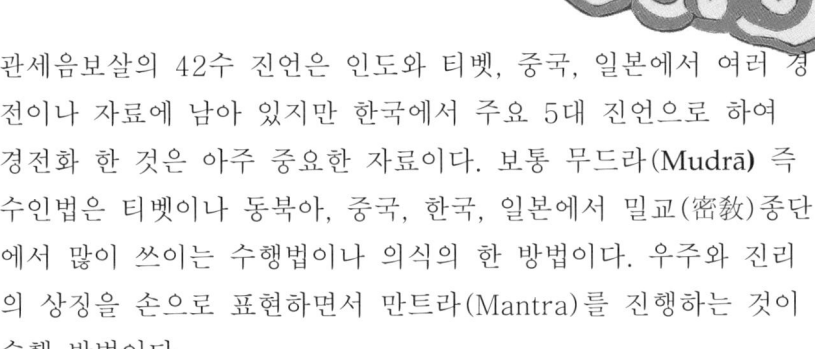

관세음보살의 42수 진언은 인도와 티벳, 중국, 일본에서 여러 경전이나 자료에 남아 있지만 한국에서 주요 5대 진언으로 하여 경전화 한 것은 아주 중요한 자료이다. 보통 무드라(Mudrā) 즉 수인법은 티벳이나 동북아, 중국, 한국, 일본에서 밀교(密教)종단에서 많이 쓰이는 수행법이나 의식의 한 방법이다. 우주와 진리의 상징을 손으로 표현하면서 만트라(Mantra)를 진행하는 것이 수행 방법이다.

관세음보살의 다양한 가피(加被)의 표현을 수인과 진언인 만트라를 통하여 힘들어 하는 사바세계의 사람들에게 편안함과 희망을 주는 수단을 제공하는 것이다.

특히 인도의 수행자나 티벳의 수행자 그리고 일본의 밀교단체에서는 수인과 진언을 통하여 삶의 성취와 수행의 과정으로 삼는다. 사람들은 일반적인 불교를 현교(顯教)라 하고 만트라인 진언과 수인(手印)을 방편으로 삼는 수행을 밀교(密教)라고 한다. 하지만 이러한 구분은 정확하지는 않다.

이러한 여러 가지를 감안해볼 때 이 42수 진언은 조선초기 당시 권력의 힘을 가지고 있던 인수대비(仁粹大妃)가 국가적인 차원에서 돈을 들여서 많은 학자와 수행자들의 조언과 감수를 받아 정리하였기에 지금은 훌륭한 세계적인 불교적인 자산이 되었다.

무드라란 단순히 손동작만을 나타내는 것이 아니라 우주의 진리를 표현하는 동작이라고 볼 수가 있다. 수인에는 가장 기본이 되는 여섯 가지의 수인이 있다.

첫째는 연화수(蓮華手)가 있으며

두번째는 금강수(金剛手)가 있으며

세번째는 외박수(外博手)가 있으며

네번째는 내박수(內博手)가 있으며

다섯번째는 분노수(忿怒手)가 있으며

여섯번째는 여래수(如來手)가 있다.

열 두 가지의 합장법(合掌法)이 있다.

첫째는 건실심합장(健實心合掌)

두 손을 합하고 손바닥을 틈 없이 꼭 붙인다.

둘째는 허심합장(虛心合掌)

두 손을 합하고 손바닥 사이가 조금 트이게 한다.

셋째는 여미개연합장(如未開蓮合掌)

두 손을 합하면서 두 손바닥 사이를 텅 비게하여 연꽃봉우리처럼 한다.

넷째는 헌로합장(헌로合掌)

두 새끼손가락을 붙이고 두 손을 위로 편다.

다섯째는 지수합장(指水合掌)

두 손을 위로 펴며 열 손가락을 굽혀 서로를 맞붙여 물을 움직이는 모양과 같이 한다.

여섯째는 반배상호합장(反背相互合掌)

오른손을 왼손 위에 제쳐놓아 손등과 손바닥을 합친다.

일곱번째는 횡주지합장(横住指合掌)

두 손을 재치면서 두 가운데 손가락 끝만 붙인다.

여덟번째는 초할연합장(初割蓮合掌)

두 손을 합하되 두 새끼손가락과 두 엄지손가락을 맞대고 두 집게 손가락, 중지, 약지를 조금 벌린다.

아홉번째는 금강합장(金剛合掌)- 귀명합장(歸命合掌)

두 손을 합해 열 손가락을 서로 엇섞어 오른손의 다섯 손가락 위에 놓는다.

열 번째는 반차합장(反叉合掌)

두 손등을 맞대며 열손가락을 서로 엇섞어 오른손의 다섯 손가락 위에 놓는다.

열 한번째는 복수향합장(覆手向合掌)

두 손을 나란히 엎으며 두 손가락 끝만 붙인다.

열 두번째는 복수합장(覆手合掌)

두 손을 나란히 엎으며 두 엄지손가락을 맞붙이고, 다른 손가락들은 끝을 밖으로 향하게 한다.

실담어(Siddham- 悉曇語)에 대하여

실담어는 인도의 범어(梵語) 문자이며 중국에 전래된 인도의 범자(梵字)를 말하는 것이다. 이 문자가 중국에 들어와 실담(悉曇)이란 말로 정착된 것이며 산스크리트(Sanskrit)어 또는 범어(梵語)로 된 경전들을 표기하려고 고대 산크리트어의 변형된 문자이다. 산스크리트어는 베다(Veda)와 우파니샤드(Upanishad)경전에 기록된 고대 산스크리트어와 불교이후에 기원전 4세기경에 파니니(Panini)라는 학자가 쓴 문법서인 아스타드야이(Astadyai)라는 8장으로 된 문법서를 기초로 하여 고전 산스크리트어가 정형화 되었다.

산스크리트어의 경전들은 선험적(先驗的)인 경전이라는 절대권위의 지식을 기록한 스루티(Sutra)경전이라고 하여 인도의 많은 경전외에도 불교 경전들에게 많은 영향을 주었다. 대중적으로도 속어화가 되기도 하였는데 프라크리티((Prakriti)어와 팔리(Pali)어가 그 언어이다. 팔리어는 초기불교경전을 기록하는데 쓰여졌다.

고대의 지중해 연안의 셈((Sem)문자에 기원을 두는 고대 인도의 브라흐미(Brahmi) 문자가 굽타(Gupta)왕조시대에 굽타문자로

발달하였다. 굽타 문자로 알려진 실담어 경전들은 문자가 서기 6~7세기경에 동아시아로 불교가 보급되면서 중국, 한국, 일본으로 전해졌다. 실담어는 인도에서 불교가 가장 융성하였던 아쇼카(Asoka)왕 시대에 브라흐미(Brahmi)문자 또는 싯담(Siddham)문자로 알려졌었다. 이 뜻은 산스크리트어로 '완성되어 있는 언어' 이다. 이밖에 칠담(七曇), 실담(悉談), 칠단(七旦), 실담(肆曇), 실단(悉壇)등 갖가지 표기가 있지만, 일반적 오늘날 사용되고 있는 것이 실담(悉曇)이다.

실담어의 알파벳 숫자는 42자, 47자, 50자, 51자 등으로 일정하지는 않지만 당나라의 지광(智廣 AD. 760-830?)스님의 실담자기(悉曇字記) 1권에서는 모음 12자, 자음 35자 합쳐서 47자로 정리되어 있다. 지광스님은 남인도의 프라즈나 보디(Prajna Bodhisattva)인 반야보리(般若菩提) 삼장(三藏)이 엮은 것을 정리하였다. 일본의 진언종의 시조인 공해(空海 AD. 774-835)스님이 중국에 유학하여 이 책을 가져가 그 후에 많은 연구가 이루어져 실담어와 실담학이 다양하게 발전되었다.

한국에서는 통일신라시대와 고려시대에 실담학에 대한 정확한 기록은 없지만 실담어 진언들이 발견되었다는 것은 그 전통과 맥락이 조선시대의 진언집(眞言集)으로 발전하였으며 1569년에 간행된 안심사본(安心寺本) 진언집(眞言集)과 1800년의 망월사본(望月寺本) 진언집까지 실담어로 쓰여진 진언집이 있다. 영험약초(靈驗略抄) 오대진언(五大眞言)과 각종 진언들이 이 진언집에 존재한다,

33 관음보살(三十三 觀音菩薩)에 대하여

관세음 보살의 42수 진언은 인도와 티벳, 중국, 일본에서 여러 경전이나 자료에 남아 있지만 한국에서 주요 5대 진언으로 하여 경전화 한 것은 아주 중요한 자료이다.

33 관음보살(觀音菩薩)은 관음신앙(觀音信仰)이 일어난 이후에 인도와 중앙아시아, 티벳, 몽고, 중국, 한국, 일본에서 신앙적으로 믿고 있는 관세음보살(觀世音菩薩)을 말하는 것이다.

33 관음 중 인도 기원의 관음이 가장 많으며, 중국에서 생겨난 관음으로는 어람관음(魚藍觀音), 합리관음(蛤利觀音), 마랑부관음(馬郞婦觀音)이 있다.

청경관음경(請經觀音經)에 등장하는 양류관음(楊柳觀音)과, 화엄경(華嚴經)에 등장하는 수월관음(水月觀音) 이외에 대부분의 관음은 법화경(法華經)의 관세음보살 보문품(觀世音菩薩 普門品)에 의해 이루어진 관음으로 구분 지을 수 있다.

① 양류관음(楊柳觀音)

–오른손에 버드나무 가지와 왼손에 정병(淨甁)을 들고 나타나 중생의 원을 성취시켜준다

② 용두관음(龍頭觀音)

–구름 속을 나르는 용의 등에 앉거나 서 계시며 천룡 (天龍) 이나 야차신(夜叉身)을 말한다.

③ 지경관음(持經觀音)

–오른손에 책을 들고 바위 위에 앉아 있으며 성문신(聲聞身)에 해당한다.

④ 원광관음(圓光觀音)

–관세음보살 보문품에서 "청정하고 밝은 광명이 태양 같은 지혜의 빛이 어둠을 부수고"라는 구절처럼 둥근 오색 빛 속에 합장하고 앉아 있다.

⑤ 유희관음(遊戲觀音)

–상서로운 오색 구름을 타고 자유로운 자세로 서 있거나 앉아 있다.

⑥ 백의관음(白衣觀音)

–산스크리트어로는 판다라바시니(Pandaravasini)이며 흰 옷을 입고 왼손에는 연꽃을 오른손은 여원인(與願印)을 취하고 있다.

⑦ 연와관음(蓮臥觀音)

-연못 속의 연꽃 위에 합장을 하고 있거나 비스듬히 누워있다.

⑧ 농견관음(瀧見觀音)

-관세음보살 보문품에 "관음을 기도하면 불도가니가 변하여 연못이 된다."라고 하였다. 바위에 앉아 폭포를 바라보고 있다.

⑨ 시약관음(施藥觀音)

-괴로운 고통과 죽음의 재앙에 등대이며 몸과 마음의 병을 제거하는 보살이다. 왼손에 연꽃 또는 여의주를 쥐고 오른손을 뺨에 대고 앉아 있다.

⑩ 어람관음(魚藍觀音)

-당나라 시대에 물고기장수의 아름다운 딸이 관세음보살 보문품 수지 독송하는 불교신자에게 시집을 갔는데 이 사람이 관음보살의 화신이었다는 전설에 근거한다. 손에 물고기가 가득 담긴 바구니를 들고 있거나 큰 물고기를 타고 있다.

⑪ 덕왕관음(德王觀音)

-범왕신이며 가부좌를 취하고 앉아 오른손에 버들가지를 들고 왼손을 무릎에 대고 있다.

⑫ 수월관음(水月觀音)

-화엄경 입법계품(入法界品)에는 선재동자(善財童子)가 남인도 바닷가의 포탈라카(Potalaka)산 또는 보타락가산(補陀洛迦山)에서 관세음보살을 만나는데 그것이 바로 수월관음이다. 푸른 물결 위의 바위 위에서 물에 비친 달을 바라보고 있음. 한역으로는 보타락가는 흰 꽃 또는 희게 빛난다는 백화(白華)로도 번역되었다.

⑬ 일엽관음(一葉觀音)

-관세음보살 보문품에는 "큰물을 만나서 표류하더라도 관음보살을 생각하면 낮은 곳을 얻는다."라고 하며 재관신(宰官身)에 해당하고 한 잎의 연꽃을 타고 물 위를 편안하게 떠다니고 있다.

⑭ 청경관음(靑頸觀音)

-산스크리트어로는 닐라칸타(Nilakanta)검푸른 목을 말한다. 인도신화에 등장하는 시바(Siva)신이 관세음보살의 화신으로 바뀐 것으로 본다.

인도신화에 따르면 아주 먼 옛날, 신과 악마들이 바다 속에서 감로수를 찾으려고 하였다. 이 때 맹독성의 독약이 튀어나오자, 시바는 중생들이 이 독의 피해를 입을 것을 막기 위하여 독을 삼켜버렸고 그래서 목이 검푸르게 변하였다고 한다. 불교에서는 시바의 이 자비심을 관음으로 받아들인 것으로 본다. 청두관음(靑頭觀音)이라고도 한다.

⑮ 위덕관음(威德觀音)

–악한 무리를 항복시키고 약한 자를 애호하며 천대장군신(天大將軍身)을 나타낸다.

⑯ 연명관음(延命觀音)

–요마(妖魔)의 독을 제거하고 복과 수명을 늘여주신다.

⑰ 중보관음(衆寶觀音)

–관세음보살 보문품에서 나찰(羅刹)의 나라에 가더라도 나찰의 난을 벗어나게 하며 꽃과 풀이 가득한 땅에 자유롭게 앉아 있다.

⑱ 암호관음(巖戶觀音)

–산 위의 석굴에 앉아 독충이나 뱀, 전갈 등을 벗어나 물빛이나 산과 숲을 감상하고 있다.

⑲ 능정관음(能靜觀音)

–해변의 바위 위에 서서 바다의 길을 지켜주신다.

⑳ 아욕관음(阿耨觀音)

–산스크리트어로 아나바타프타(Anavatapta)이며 인도의 성스러운 강의 시원인 카일라시(Kailash) 성스러운 산에 있는 마나사로바(Manasarova) 호수의 이름에서 유래하는데 바위 끝에 앉아 어민이나 항해하는 상인들을 악귀로부터 보호한다.

㉑ 아마제관음(阿摩提觀音)

–산스크리트어로 아베트리(Abhetri)이며 무외관음, 관광관음(寬廣觀音)으로 불리며 피부가 희며 3개의 눈과 4개의 팔로 지옥에 들어간 중생들을 구원한다.

㉒ 엽의관음(葉衣觀音)

–팔은 4개이며 1000개의 잎으로 만든 옷을 입고 화재예방 및 무병장수를 이루어 준다.

㉓ 유리관음(琉璃觀音)

–향왕관음(香王觀音)이라고도 하며 설법을 할 때 향기가 온 누리에 퍼져나간다. 자재천신(自在天身)이시며 오색 빛의 유리향로를 들고 한 잎 연꽃을 타고 푸른 물결 위를 떠다니신다.

㉔ 다라존관음(多羅尊觀音)

–타라(Tara)관음이며 타라라는 것은 눈을 의미하며 관음보살의 눈에 나오는 광명에서 자비로운 눈으로 중생을 구한다. 푸른 연꽃을 들고 오색 빛을 발하여 근심을 없애준다.

㉕ 합리관음(蛤利觀音)

–큰 조개 껍질 위에 가부좌를 하고 손에 여의주를 쥐고 있다.

㉖ 육시관음(六時觀音)

-육시(六時)란 하루를 말하는데 밤과 낮을 통하여 중생을 살핀다.

㉗ 보비관음(普悲觀音)

-자비를 널리 펼친다는 관음이며 두 손을 법의 속에 숨기고 산꼭대기에 서서 광활한 우주를 바라보고 있다.

㉘ 마랑부관음(馬郎婦觀音)

-불조통기(佛祖統紀)에 나오는 관음보살인데 재관부녀신(宰官婦女身)이며 물고기를 파는 아름다운 여인의 모습으로 나타나 불법을 익히게 만드신다.

㉙ 합장관음(合掌觀音)

-합장을 하고 일곱 가지 보석의 연화대 위에 앉아 있거나 서 있다.

㉚ 일여관음(一如觀音)

-구름을 타고 번개를 타고 다니며 허공을 날아다니며 관세음보살 보문품에는 우레와 번개를 그치게 한다고 나온다.

㉛ 불이관음(不二觀音)

-큰 연꽃 잎을 타고 물 위를 떠다니면서 집금강신(執金剛神)이며 둘이 아니라는 불이(不二)를 명명하였으며 모든 악귀들을 제압하신다.

㉜ 지연관음(持蓮觀音)

-동남동여신으로 순백의 큰 연꽃 위에 앉아 양손으로 연꽃을 쥐고 있는 아이 모습이다.

㉝ 쇄수관음(灑水觀音)

-관세음보살 보문품에 "감로의 비를 뿌려 번뇌의 불을 끈다"라고 하였다. 왼손에는 물그릇 오른손에는 버들가지를 들고 감로수를 뿌려 중생의 번뇌와 재난을 사라지게 한다.

제1장

관세음보살(觀世音菩薩) 42수(四十二手)의 유래

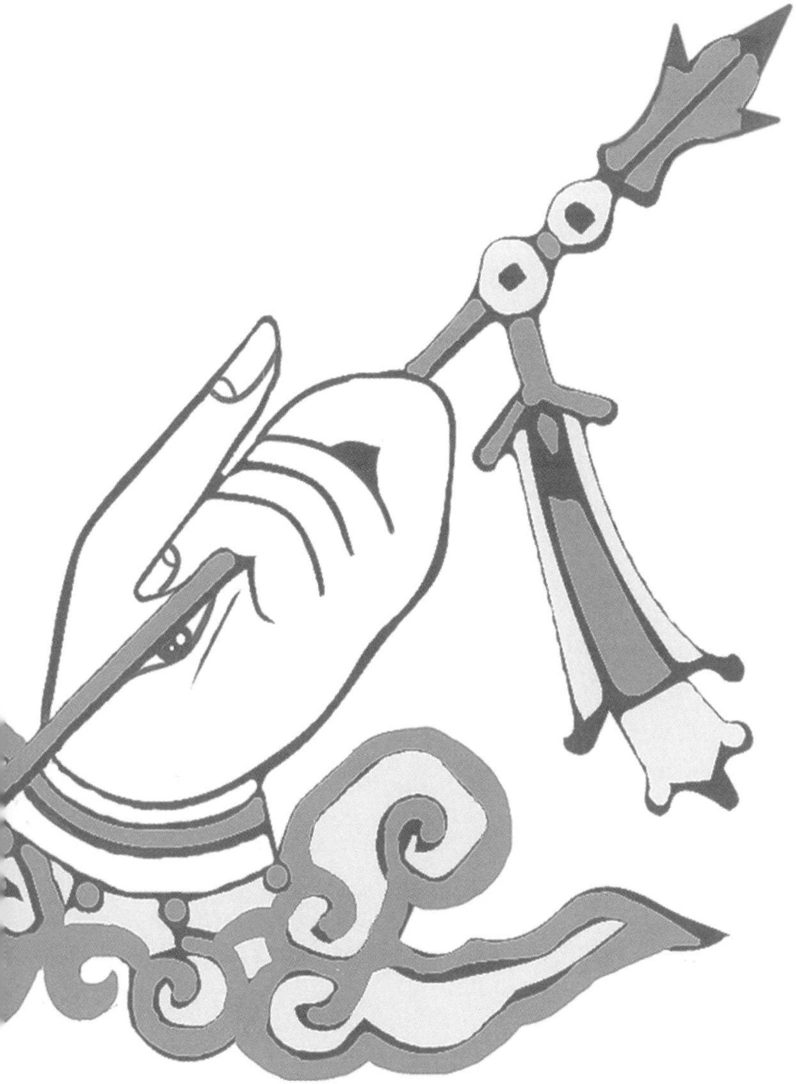

관세음보살 42수의 유래

불설천수천안관세음보살광대원만무애대비심대다라니경(佛說千手千眼觀世音菩薩廣大圓滿無碍大悲心大陀羅尼經)에서는 관세음보살의 무드라인 수인(手印)이 40수(手)만 나타나있고 그에 따른 만트라(Mantra)인 진언은 나타나 있지가 않다.

그런데 천수천안관세음보살대비심대다라니경(千手千眼觀世音菩薩大悲心大陀羅尼經)에서는 41수(手)의 수인과 함께 만트라인 진언(眞言)도 표현되어 있다. 여기에는 진언과 무드라가 일치하지도 않았다. 후대에 이르러서 이 모든 것이 관세음보살 42수 진언과 함께 체계화되고 정리되었다. 42수 진언은 천수경의 대비주와는 다르며 다만 42수 진언을 세밀하게 표현하였다.

42수 진언의 여러가지 공덕과 효험이나 효과에 대해서 표현하였다. 원래 천수대비주(千手大悲呪)의 관세음보살(觀世音菩薩)의 신묘장구대다라니(神妙章句大陀羅尼)가 주된 경전이기 때문에 42수의 공덕이 같이 연결되어있다고 볼 수가 있다.

이 관세음보살의 42수 경전은 보다 더 중생들에게 다가가서 그들의 소원이나 인연과 그들의 근기에 맞추어서 스스로 염송하여 그들이 필요를 충복할 수 있도록 하였다.

42수 진언은 각각의 제목을 붙여서 그들이 필요한 것에 맞추어 하도록 맞춤형으로 짜여져 있다. 마치 어머니가 하나하나 꼭꼭 씹어서 입에 넣어 주듯이 관세음보살의 성스러운 어머니의 가피(加被)가 그런 식으로 짜맞추어 힘든 중생의 시간에 다양한 형태로 그들을 보살펴주게끔 보듬어 준다.

심리적인 괴로움, 답답한 세상살이, 경제적인 힘듬, 사람과의 힘든 관계, 사업, 몸이 아프고 병들고 고단한 일상들, 어떤 사람이건 누구나 죽음을 앞둔 모든 중생(衆生)들의 고통(苦)의 바다에서 그것을 극복하고얼마나 행복하고 건강하고 자유롭게 살 수 있도록 하는 가에 대한 기대를 이 42수 진언들이 도움을 줄 것이다.

따라서 항상 42가지 주문을 모두 외우는 것이 아니다. 자신에게 맞는 진언을 선택하여 실천하면 되는 것이다. 이 진언들은 예로부터 간결하지만 많은 효험이 있다고 알려진 진언이라 누구든지 쉽게 실천할 수 있는 진언이다. 누구든지 이 복잡 다양한 현대 사회의 생활에서 자신의 일과 생활과 염원이 성취되어 모든 부분이 좋아 지게 되도록 짜여져 있어 위대한 경전인 것이다.

제2장

관세음보살 42수 진언 제목

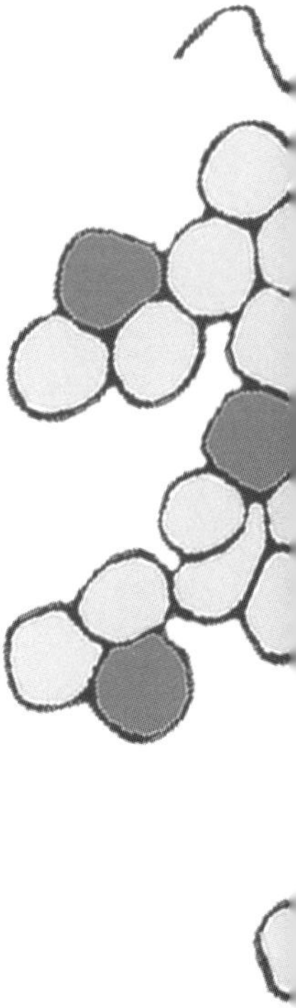

1. 관세음보살 여의주수 진언(觀世音菩薩 如意珠手 眞言)

• 재물을 얻는 진언

2. 관세음보살 견색수 진언(觀世音菩薩 絹索手 眞言)

• 평안을 얻는 진언

3. 관세음보살 보발수 진언 (觀世音菩薩 寶鉢手 眞言)

• 속병을 없애는 진언

4. 관세음보살 보검수 진언(觀世音菩薩 寶劍手 眞言)

• 귀신을 물리치는 진언

5. 관세음보살 발절라수 진언 (觀世音菩薩 跋折羅手 眞言)

• 외도(外道)를 물리치는 진언

6. 관세음보살 금강저수 진언(觀世音菩薩 金剛杵手 眞言)

• 원적(原敵)을 물리치는 진언

7. 관세음보살 시무외수 진언(觀世音菩薩 施無畏手 眞言)

• 공포를 물리치는 진언

8. 관세음보살 일정마니수 진언(觀世音菩薩 日精摩尼手 眞言)

• 광명을 얻는 진언

9. 관세음보살 월정마니수 진언(觀世音菩薩 月精摩尼手 眞言)

• 열병을 낫게 하는 진언

10. 관세음보살 보궁수 진언(觀世音菩薩 寶弓手 眞言)

• 좋은 벼슬을 얻는 진언

11. 관세음보살 보전수 진언(觀世音菩薩 寶箭手 眞言)

• 좋은 벗을 얻는 진언

12. 관세음보살 양류지수 지언(觀世音菩薩 楊柳枝手 眞言)

• 여러 병마를 없애는 진언

13. 관세음보살 백불수 진언(觀世音菩薩 白拂手 眞言)

• 모든 악한 일을 없애는 진언

14. 관세음보살 보병수 진언 (觀世音菩薩 寶甁手 眞言)

• 주위사람을 좋게 하는 진언

15. 관세음보살 방패수 진언(觀世音菩薩 防牌手 眞言)

• 악한 짐승을 물리치는 진언

16. 관세음보살 월부수 진언(觀世音菩薩 鉞斧手 眞言)

• 관재(官災)를 벗어나는 진언

17. 관세음보살 옥환수 진언(觀世音菩薩 玉環手 眞言)

• 자식과 충복을 얻는 진언

18. 관세음보살 백련화수 진언(觀世音菩薩 白蓮花手 眞言)

• 여러 공덕성취 진언

19. 관세음보살 청련화수 진언(觀世音菩薩 靑蓮花手 眞言)

• 서방정토에 태어나는 진언

20. 관세음보살 보경수 진언(觀世音菩薩 寶鏡手 眞言)

• 지혜를 얻는 진언

21. 관세음보살 자련화수 진언(觀世音菩薩 紫蓮花手 眞言)

• 부처님을 뵙는 진언

22. 관세음보살 보협수 진언(觀世音菩薩 寶篋手 眞言)

• 땅속의 보물을 얻는 진언

23. 관세음보살 오색운수 진언(觀世音菩薩 五色雲手 眞言)

• 신선의 도를 얻는 진언

24. 관세음보살 군지수 진언(觀世音菩薩 君遲手 眞言)

• 범천(梵天)에 태어나는 진언

25. 관세음보살 홍련화수 진언(觀世音菩薩 紅連花手 眞言)

- 제천궁(諸天宮)에 태어나는 진언

26. 관세음보살 보극수 진언(觀世音菩薩 寶戟手 眞言)

- 몰려오는 적군을 물리치는 진언

27. 관세음보살 보라수 진언(觀世音菩薩 寶螺手 眞言)

- 제천선신들을 불러보는 진언

28. 관세음보살 촉루장수 진언(觀世音菩薩 髑髏杖手 眞言)

- 귀신을 부리는 진언

29. 관세음보살 수주수 진언(觀世音菩薩 數珠手 眞言)

- 모든 부처님과 연을 맺는 것

30. 관세음보살 보탁수 진언(觀世音菩薩 寶鐸手 眞言)

- 미묘한 법음을 성취하는 진언

31. 관세음보살 보인수 진언(觀世音菩薩 寶印手 眞言)

- 말을 잘하게 하는 진언

32. 관세음보살 구시철구수 진언(觀世音菩薩 俱尸鐵鉤手 眞言)

- 신선과 용왕에 도움을 구하는 진언

33. 관세음보살 석장수 진언(觀世音菩薩 錫杖手 眞言)

• 자비심을 베푸는 진언

34. 관세음보살 합장수 진언(觀世音菩薩 合掌手 眞言)

• 서로 공경 하게 하는 진언

35. 관세음보살 화불수 진언(觀世音菩薩 化佛手 眞言)

• 부처님 곁에 머무는 진언

36. 관세음보살 화궁전수 진언(觀世音菩薩 化宮殿手 眞言)

• 항상 정토에서 인간으로 환생하지 않는 진언

37. 관세음보살 보경수 진언(觀世音菩薩 寶經手 眞言)

• 만법(萬法)을 얻는 진언

38. 관세음보살 불퇴금륜수 진언(觀世音菩薩 不退金輪手 眞言)

• 깨달음을 얻는 진언

39. 관세음보살 정상화불수 진언(觀世音菩薩 頂上化佛手 眞言)

• 모든 부처님의 마정수기(摩頂授記)를 얻는 진언

40. 관세음보살 포도수 진언(觀世音菩薩 葡萄手 眞言)

• 곡식과 과일이 번성케 하는 진언

41. 관세음보살 감로수 진언(觀世音菩薩 甘露手 眞言)

• 목마름에서 벗어나는 진언

42. 관세음보살 총섭천비수 진언(觀世音菩薩 總攝千臂手 眞言)

• 모든 마구니를 물리치는 진언

제3장

관세음보살 42수 진언 해석

1. 관세음보살 여의주수 진언
(觀世音菩薩 如意珠手 眞言)

재물을 얻는 진언

- 가지가지 보배재물을 갖추어 부유하고자 할 때

ॐ वग्र वतार हुां पत

ॐ वग्र वतार हुं पत्

OM Vajrā Vatāra Hūm Phat

● 산스크리트 음가 발음

☞옴 바즈라 바타라 훔 파트

● 산스크리트 음가 새로운 발음

☞옴 와즈라 와타라 훔 파트

● 한국화된 음가 발음

☞옴 바아라 바다라 훔 바탁

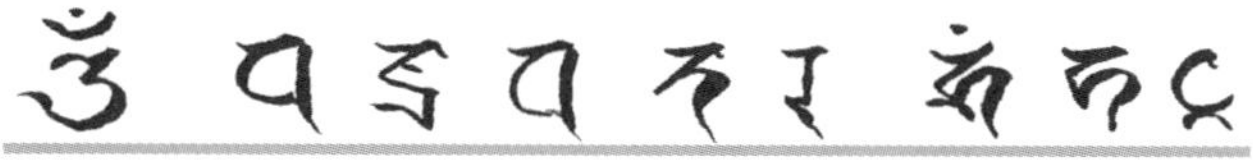

부처님께서 아난(阿難)에게 이르시기를

만약에 여러가지 진귀한 보물과 함께 풍요롭게

되려고 하는 이는 여의주수 진언을 외우라.

불고아난 약위부용종종진보자구자 당어여의주수

(佛告阿難 若爲富饒種種珍寶資具者 當於如意珠手)

2. 관세음보살 견색수 진언
(觀世音菩薩 絹索手 眞言)

평안을 얻는 진언

- 가지가지 불안으로 안락을 구할 때

ॐ गिरिगिलर वराउद्र हुां पत

ॐ किलिकिलर वराउद्र हुं पत्

OM Kīlikīlara Varāudra Hūm Phat

● 산스크리트 음가 발음

☞옴 끼리끼라라 바라우드라 훔 파트

● 산스크리트 음가 새로운 발음

☞옴 끼리끼라라 와라우드라 훔파트

● 한국화된 음가 발음

☞옴 기리라라 모나라 훔 바탁

만약 여러 불안에서 안온함을 원한다면

견색수 진언을 외우라.

약위종종불안구안은자 당어견색수

(若爲種種不安求安隱者 當於絹索手)

3. 관세음보살 보발수 진언
(觀世音菩薩 寶鉢手 眞言)

속병을 없애는 진언

• 뱃속의 모든 질병을 없애려고 할 때

ॐ गिरिगिरि वग्र हुां पत

ॐ गिरिगिरि वज्र हुं पत्

OM Kīlikīli Vajra Hūm Phat

● 산스크리트 음가 발음

☞옴 끼리끼리 바즈라 훔 파트

● 산스크리트 음가 새로운 발음

☞옴 끼리끼리 와즈라 훔 파트

● 한국화된 음가 발음

☞옴 기리기리 바아라 훔 바탁

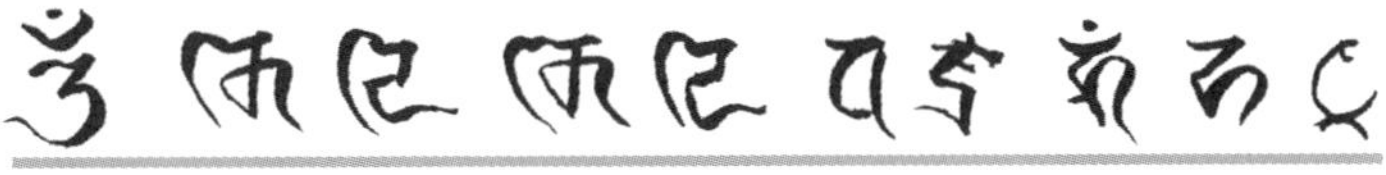

만약 뱃속의 모든 병을 없애려면 반드시 보발수 진언을 외우라.

약위복중제병 당어보발수

(若爲復中諸病 當於寶鉢手)

4. 관세음보살 보검수 진언
(觀世音菩薩 寶劍手 眞言)

귀신을 물리치는 진언

• 모든 도깨비 귀신에게 항복을 받으려면

ॐ तेजेतेज सिाविनि सिद्दे सधय हुं पत्

ॐ तेजेतेज सिविनि सिद्दे सधय हुं पत्

OM Tejeteja Sīvīnī Sīdde Sadhaya Hūm Phat

● 산스크리트 음가 발음

☞옴 떼제떼자 시비니 시떼 사다야 훔 파트

● 산스크리트 음가 새로운 발음

☞옴 떼제떼자 시위니 신데 사다야 훔 파트

● 한국화된 음가 발음

☞옴 제세제야 도미니 도제 사다야 훔 바탁

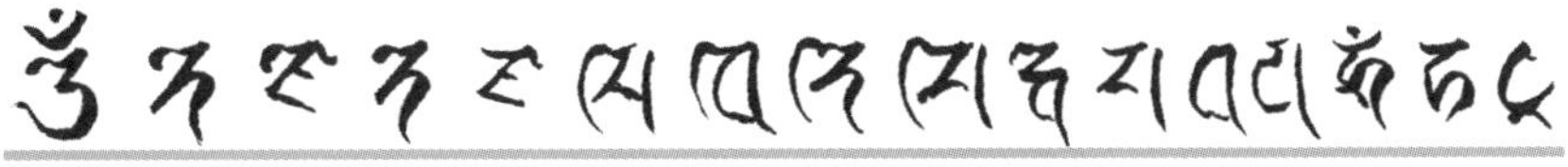

만약 모든 도깨비와 귀신을 항복시키려는 이는

반드시 보검수 진언을 외우라.

약위항복일체망량귀신자 당어보검수

(若爲降伏一切魍魎鬼神者 當於寶劍手)

5. 관세음보살 발절라수 진언
(觀世音菩薩 跋折羅手 眞言)

외도(外道)를 물리치는 진언

- 모든 천마외도(天魔外道)에게 항복을 받으려 할 때

ॐ दिप्य दिप्य दिपय महा ईये स्वाहा

ॐ दिप्य दिप्य दिपय महा श्ये स्वाहा

OM Dīpya Dīpya Dīpaya mahā Śrye Svāhā

- 산스크리트 음가 발음

☞옴 디프야 디프야 디파야 마하 스르예 스바하

- 산스크리트 음가 새로운 발음

☞옴 디빠 디빠 디빠야 마하 쉬리예 스와하

- 한국화된 음가 발음

☞옴 이베 이베 이파야 마하 시리예 사바하

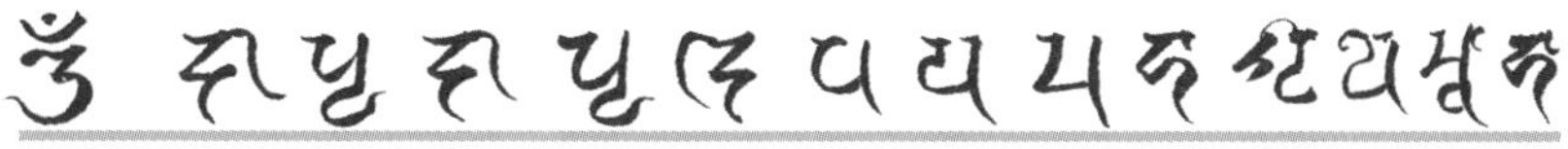

만약 모든 하늘에 있는 악마와 귀신을 항복시키려고 하는 이는 반드시 발절라수 진언을 외우라.

약위항복일체천마신자 당어발절라수

(若爲降伏一切天魔神者 當於跋折羅手)

6. 관세음보살 금강저수 진언 (觀世音菩薩 金剛杵手 眞言)

원적(原敵)을 물리치는 진언

• 모든 원적을 물리치고 항복 받을 때

ॐ वग्र गनिप्र दिप्तय स्वाहा

ॐ वज्र गनिप्र दिप्तय स्वाहा

OM Vajrā Gnipra Diptaya Svāhā

- 산스크리트 음가 발음

☞옴 바즈라 그니프라 디프타야 스바하

- 산스크리트 음가 새로운 발음

☞옴 와즈라 그니쁘라 딥따야 스와하

- 한국화된 음가 발음

☞옴 바아라 아니바라 닙다야 사바하

만약 모든 원한 맺힌 적을 물리치고 항복시키려고 하는 이는 반드시 금강저수 진언을 외우라.

약위최복일체원적자 당어금강저수

(若爲催伏一切怨敵者 當於金剛杵手)

7. 관세음보살 시무외수 진언
(觀世音菩薩 施無畏手 眞言)

공포를 물리치는 진언

- 모든 공포와 두려움을 물리치려 할 때

ॐ ज्वलनय दिप्तय हुां पत्

ॐ ज्वलनय दिप्तय हुं पत्

OM Jvalanaya Diptaya Hūm Phat

● 산스크리트 음가 발음

☞옴 즈바라나야 디프타야 훔 파트

● 산스크리트 음가 새로운 발음

☞옴 즈와라나야 훔 파트

● 한국화된 음가 발음

☞옴 아라나야 훔 파탁

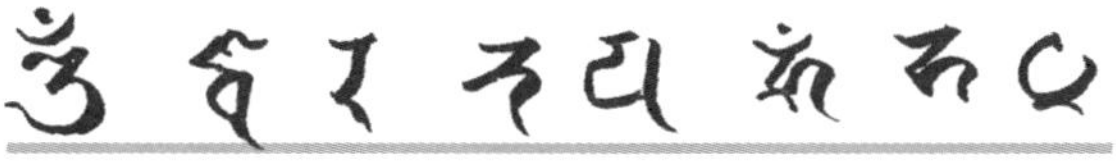

만약 모든 곳에서 공포와 두려움과 불안한 이는

반드시 시무외수 진언을 외우라.

약위일체처포외불안자 당어시무외수

(若爲一切處怖畏不安者 當於施無畏手)

8. 관세음보살 일정마니수 진언 (觀世音菩薩 日精摩尼手 眞言)

광명을 얻는 진언

- 눈이 어두워 광명을 얻으려면

ॐ दुपिदुपाकिय दुपाप्र ज्वारी स्वाहा

ॐ धूपीधूपीकिय धूपीप्र ज्वरि स्वाहा

OM Dhūpīdhūpīkaya Dhūpīpra Jvarī Svāhā

● 산스크리트 음가 발음

☞옴 두피두피카야 두피프라 즈바리 스바하

● 산스크리트 음가 새로운 발음

☞옴 두삐두삐까야 두삐쁘라 즈와리 스와하

● 한국화된 음가 발음

☞옴 도비가야 도비바라 바리니 사바하

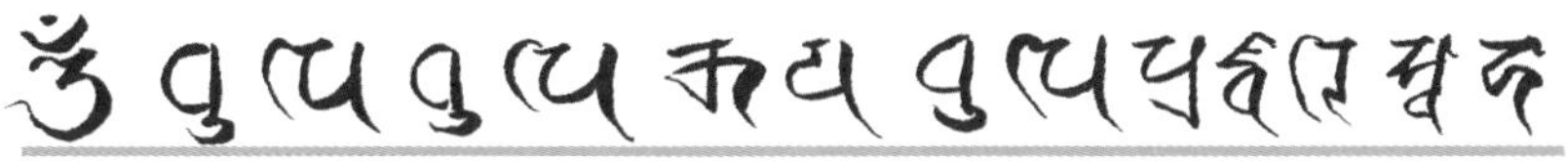

만약 눈이 깜깜하여 빛이 없는 이는 반드시

일정마니수 진언을 외우라.

약위안암무광명자 당어일정마니수

(若爲眼闇無光明者 當於日靜摩尼手)

9. 관세음보살 월정마니수 진언 (觀世音菩薩 月精摩尼手 眞言)

열병을 낫게 하는 진언

• 열병으로 청량함을 원할 때

ॐ सुसिद्धि करि स्वाहा

ॐ सुसिद्धि करि स्वाहा

OM Sūsīddhī Karī Svāhā

● 산스크리트 음가 발음

☞옴 수시띠 까리 스바하

● 산스크리트 음가 새로운 발음

☞옴 수신디 까리 스와하

● 한국화된 음가 발음

☞옴 소싯지 아리 사바하

만약 열이 나고 독한 병 때문에 깨끗하고 시원한 것을 얻으려는 이는 반드시 월정마니수 진언을 외우라.

약위열독병구청량자 당어월정마니수

(若爲熱毒病求淸涼者 當於月靜摩尼手)

10. 관세음보살 보궁수 진언
(觀世音菩薩 寶弓手 眞言)

좋은 벼슬을 얻는 진언

- 영화로운 벼슬을 구할 때

ॐ अचलविरे स्वाहा

ॐ अचलविरे स्वाहा

OM Acharavīre Svāhā

● 산스크리트 음가 발음

☞옴 아차라위레 스바하

● 산스크리트 음가 새로운 발음

☞옴 아짜라위레 스와하

● 한국화된 음가 발음

☞옴 아자미레 사바하

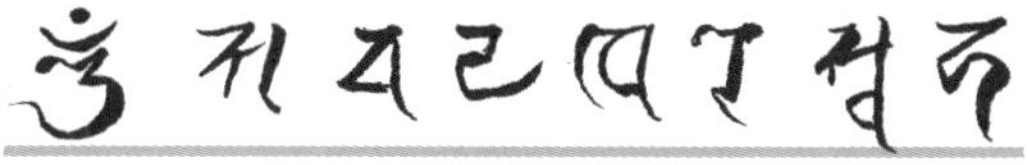

만약 영광된 벼슬과 좋은 직책을 얻으려는 이는

반드시 보궁수 진언을 외우라.

약위영관익직자 당어보궁수

(若爲榮官益職者 當於寶弓手)

11. 관세음보살 보전수 진언
(觀世音菩薩 寶箭手 眞言)

좋은 벗을 얻는 진언

- 착하고 좋은 벗을 일찍 만나려 할 때

ॐ कमर स्वाहा

ॐ कमर स्वाहा

OM Kamala Svāhā

●산스크리트 음가 발음

☞옴 카마라 스바하

●산스크리트 음가 새로운 발음

☞옴 까마라 스와하

●한국화된 음가 발음

☞옴 가마라 사바하

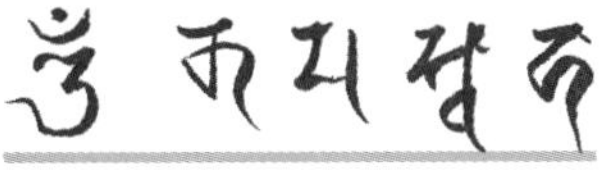

만약 모든 진실하고 좋은 벗을 일찍이 만나고자 하는 이는 반드시 보전수 진언을 외우라.

약위제선붕우조상봉자 당어보전수

(若爲諸善朋友早相逢者 當於寶箭手)

12. 관세음보살 양류지수 진언
(觀世音菩薩 楊柳枝手 眞言)

여러 병마를 없애는 진언

• 가지가지의 몸의 병을 없애려 할 때

ॐ सुसिद्धि करिज्वलतनंत मुंरत्तयं ज्वर ज्वर बन्ध बन्ध हन हन हुं पत्

ॐ सुसिद्धि करिज्वलतनंत मुरित्तये
ज्वर ज्वर बन्ध बन्ध हन हन हुं पत्

OM Sūsīddhī Karījvalatanamta Murittaye Jvara Jvara
Bandha Bandha Hana Hana Hūm Phat

● 산스크리트 음가 발음

☞옴 수시띠 카리즈바라타남타 무리따예 즈바라 즈바라
반다 반다 하나 하나 훔 파트

● 산스크리트 음가 새로운 발음

☞옴 수신디 까리즈와라따남따 므리르따예 즈와라 즈와라
반다 반다 하나 하나 훔 파트

● 한국화된 음가 발음

☞옴 소싯지 가리바리 다남타 목다에 바아라 바아라
반다 반다 하나 하나 훔 바탁

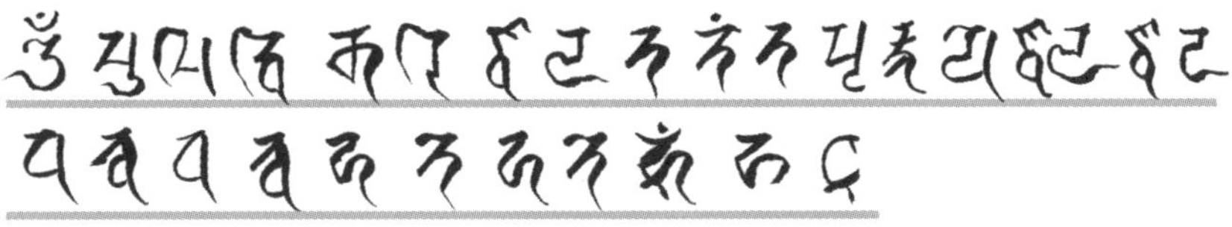

만약 몸에 여러 가지 병이 있는 이는 반드시
양류지수 진언을 외우라.

약위신상종종병자 당어양류지수
(若爲身上種種病者 當於楊柳枝手)

13. 관세음보살 백불수 진언 (觀世音菩薩 白拂手 眞言)

모든 악한 일을 없애는 진언

- 악한 장애곤란을 소멸하려 할 때

ॐ पद्मने भगवति मेहय मेहय जग महुमानी स्वाहा

ॐ पद्मने भगवति मेहय मेहय जग महुमानि स्वाहा

OM Padmane Bhagavatī Mohaya Mohaya Jaga Mahumanī Svāhā

● 산스크리트 음가 발음

☞옴 파드마네 바가바티 모하야 모하야 자가 마후마니 스바하

● 산스크리트 음가 새로운 발음

☞옴 빠드마네 바가와띠 모하야 모하야 자가 마흐마니 스와하

● 한국화된 음가 발음

☞옴 바나미니 바아바제 모하야 아아 모하니 사바하

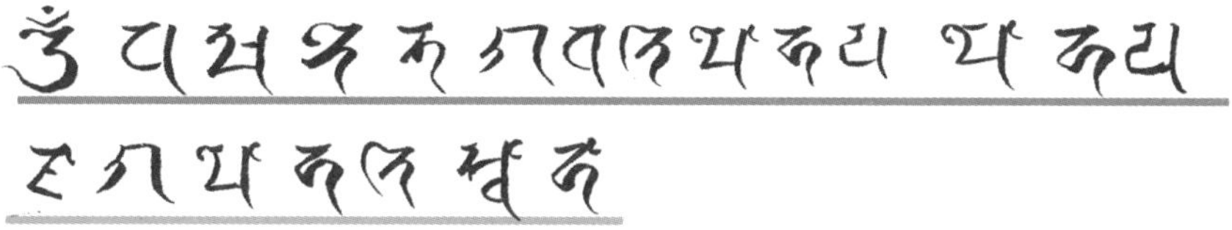

만약 몸위에 악업의 장애로 인하여 어려움을 없애려는 이는 반드시 백불수 진언을 외우라.

약위제신상악장난자 당어백불수

(若爲際身上惡障難者 當於白拂手)

14. 관세음보살 보병수 진언
(觀世音菩薩 寶甁手 眞言)

일체의 권속(眷屬)을 화합시키는 진언

- 모든 사람을 화합하게 할 때

ॐ संगरे संमंयं सवह

ॐ संगरे संमंयं सवह

OM Samkare Samayam Svāhā

● 산스크리트 음가 발음

☞옴 삼카레 사마얌 스바하

● 산스크리트 음가 새로운 발음

☞옴 삼까레 사마얌 스와하

● 한국화된 음가 발음

☞옴 아예 삼만염 사바하

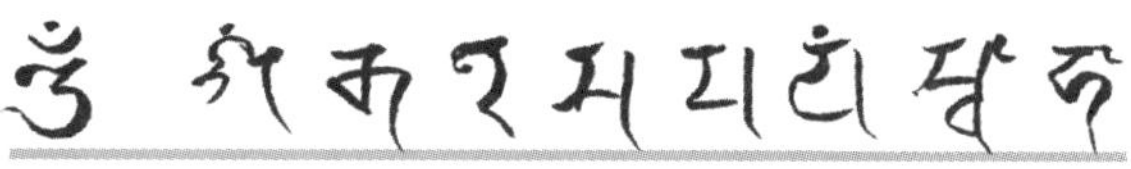

만약 일체의 권속을 화합시키려는 이는

반드시 보병수 진언을 외우라.

약위일체선화권속자 당어보병수

(若爲一切善和眷屬者 當於寶瓶手)

15. 관세음보살 방패수 진언 (觀世音菩薩 防牌手 眞言)

악한 짐승을 물리치는 진언

- 무서운 짐승들을 물리칠 때

ॐ यक्स नधय कत्र धनु प्रिाय पसा पसा स्वाहा

ॐ यक्स नधय कत्र धनु प्रिाय पसा पसा स्वाहा

OM Yaksa Nadhaya Katra Dhanu Prīya Pasā Pasā Svāhā

● 산스크리트 음가 발음

☞옴 약사 나다야 카트라 다누 프리야 파사 파사 스바하

● 산스크리트 음가 새로운 발음

☞옴 약사 나다야 까뜨라 다누 쁘리야 빠사 빠사 스와하

● 한국화된 음가 발음

☞옴 약삼 나다야 사짠라 다두 발야 바사 바사 시바하

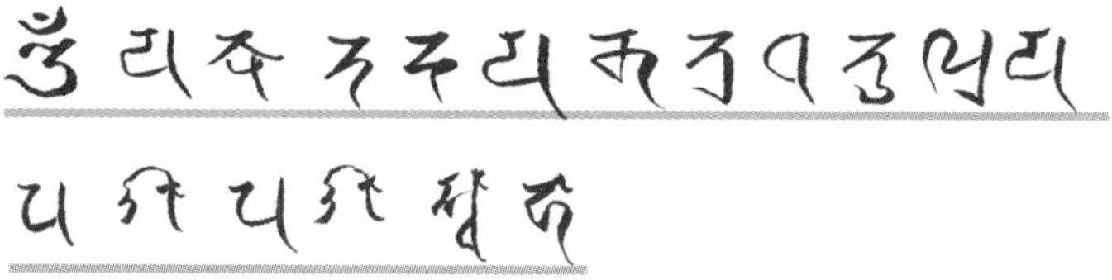

만약 일체의 호랑이, 이리, 승냥이, 표범들의 악한 짐승을 물리치려는 이는 반드시 방패수 진언을 외우라.

약위벽제일체호랑시표제악수자 당어방패수
(若爲辟除一切虎狼豺豹諸惡獸者 當於防牌手)

16. 관세음보살 월부수 진언 (觀世音菩薩 鉞斧手 眞言)

관재(官災)를 벗어나는 진언

- 관재를 벗어나려고 할 때

ॐ विर विरय स्वाहा

ॐ विर विरय स्वाहा

OM Vīra Vīraya Svāhā

- 산스크리트 음가 발음
  ☞옴 비라 비라야 스바하
- 산스크리트 음가 새로운 발음
  ☞옴 위라 위라야 스와하
- 한국화된 음가 발음
  ☞옴 미라야 미라야 사바하

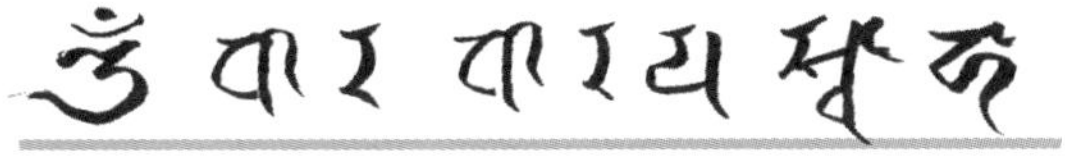

만약 일체의 시간과 장소에서 관료의 억압으로부터 벗어나고자 하는 이는 반드시 월부수 진언을 외우라.

약위일체시처호리관리자 당어월부수

(若爲一切時處好離官離者 當於鉞斧手)

17. 관세음보살 옥환수 진언
(觀世音菩薩 玉環手 眞言)

자식과 충복을 얻는 진언

- 자식을 얻거나 충복의 사람을 원할 때

ॐ पद्म विरये स्वाहा

ॐ पद्म विरये स्वाहा

OM Padma Vīraya Svāhā

●산스크리트 음가 발음

☞옴 파드마 비라야 스바하

●산스크리트 음가 새로운 발음

☞옴 빠드마 위라야 스와하

●한국화된 음가 발음

☞옴 바아맘 미라야 사바하

만약 남녀의 하인들을 순종하게 하려는 이는 반드시 옥환수 진언을 외우라.

약위남녀복사자 당어옥환수

(若爲男女僕使者 當於玉環手)

18. 관세음보살 백련화수 진언
(觀世音菩薩 白蓮花手 眞言)

여러 공덕 성취 진언

- 여러 공덕(功德)을 성취하려 할 때

ॐ वग्र विरय स्वाहा

ॐ वज्र विरय स्वाहा

OM Vajra Vīraya Svāhā

● 산스크리트 음가 발음

☞옴 바즈라 비라야 스바하

● 산스크리트 음가 새로운 발음

☞옴 와즈라 위라야 스와하

● 한국화된 음가 발음

☞옴 바아라 미라야 사바하

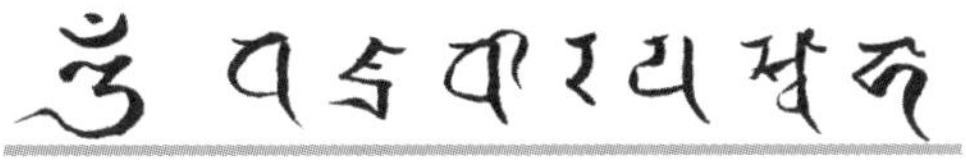

만약 여러 가지의 공덕을 이루려는 이는 반드시 백련화수 진언을 외우라.

약위종종공덕자 당어백련화수

(若爲種種功德者 當於白蓮華手)

19. 관세음보살 청련화수 진언
(觀世音菩薩 靑蓮花手 眞言)

시방정토에 태어나는 진언

• 시방정토에 태어나길 원할 때

ॐ करिकरि वग्र वजरि भुरम्नु हुं पत

ॐ करीकरी वज्र वजरी भुरभनु हुं पत्

OM Karīkarī Vajra Vajrī Bhūrabhanu Hūm Phat

● 산스크리트 음가 발음

☞옴 카리카리 바즈라 바즈리 부라바누 훔 파트

● 산스크리트 음가 새로운 발음

☞옴 까리까리 와즈라 와즈리 부라바누 훔 파트

● 한국화된 음가 발음

☞옴 기리기리 바아라 불반다 훔 바탁

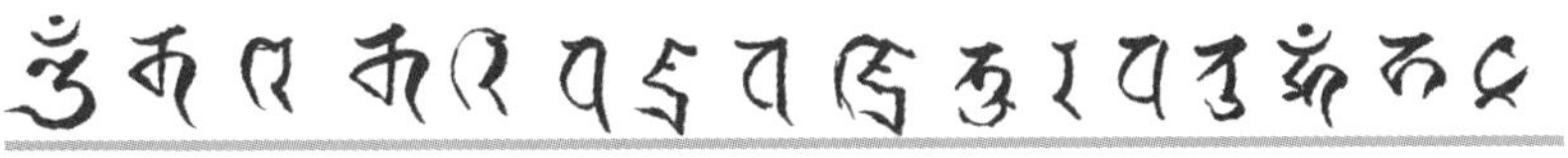

만약 시방정토에 태어나려고 하는 이는 반드시 청련화수 진언을 외우라.

약위욕득왕생시방정토자 당어청련화수
(若爲欲得往生十方淨土者 當於靑蓮華手)

20. 관세음보살 보경수 진언
(觀世音菩薩 寶鏡手 眞言)

지혜를 얻는 진언

- 큰 지혜를 얻으려면

ॐ विस्फुरद् रक्ष वग्र पंजर हुं पत

ॐ विस्फुरद् रक्ष वज्र पंजर हुं पत्

OM Vīsphurad Raksa Vajra Pamjara Hūm Phat

● 산스크리트 음가 발음

☞옴 비스푸라드 락사 바즈라 팜자라 훔 파트

● 산스크리트 음가 새로운 발음

☞옴 위스푸라드 락사 와즈라 빰자라 훔 파트

● 한국화된 음가 발음

☞옴 미보라 라악사 바아라 만다라 훔 바탁

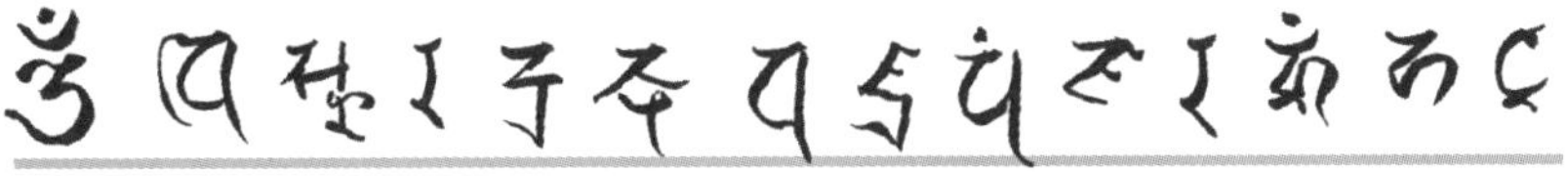

만약 큰 지혜를 이루려는 이는 반드시

보경수 진언을 외우라.

약위대지혜자 당어보경수

(若爲大智慧者 當於寶鏡手)

21. 관세음보살 자련화수 진언
(觀世音菩薩 紫蓮花手 眞言)

부처님을 뵙는 진언

• 시방세계의 부처님을 보려 할 때

ॐ सरसर वग्र प्रकार हुां पत

ॐ सरसर वज्र प्रकार हुं पत्

OM Sarasara Vajra Prakāra Hūm Phat

● 산스크리트 음가 발음

☞옴 사라사라 바즈라 프라카라 훔 파트

● 산스크리트 음가 새로운 발음

☞옴 사라사라 와즈라 쁘라까라 훔 파트

● 한국화된 음가 발음

☞옴 사라사라 바아라 가라 훔 바탁

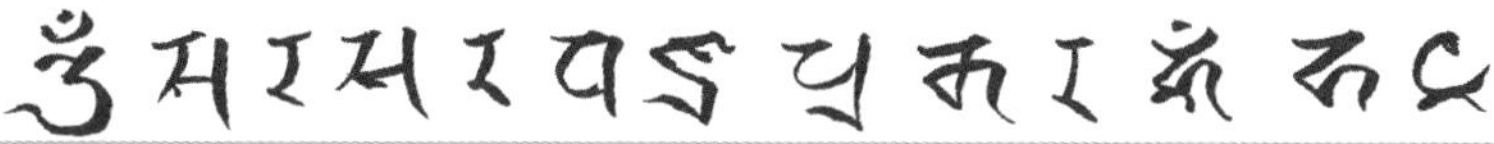

만약 시방의 모든 부처님을 뵈려는 이는 반드시 자련화수 진언을 외우라.

약위면견시방일체제불자 당어자련화수

(若爲面見十方一切諸佛者 當於紫蓮華手)

22. 관세음보살 보협수 진언 (觀世音菩薩 寶篋手 眞言)

땅속의 보물을 얻는 진언

- 땅속의 보물을 얻으려고 할 때

ॐ वग्र पहः गगन मल हूं

ॐ वज्र पहः गगन मल हुं

OM Vajra Pahr Gagana Mala Hūm

● 산스크리트 음가 발음

☞옴 바즈라 파흐르 가가나 마라 훔

● 산스크리트 음가 새로운 발음

☞옴 와즈라 빠흐릭 가가나 마라 훔

● 한국화된 음가 발음

☞옴 바아라 바사가리 아나맘나 훔

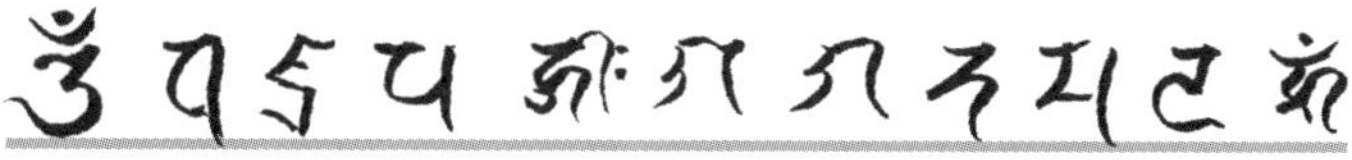

만약 땅속에 감추어진 것을 얻으려는 이는

반드시 보협수 진언을 외우라.

약위지중복장자 당어보협수

(若爲地中伏藏者 當於寶篋手)

23. 관세음보살 오색운수 진언
(觀世音菩薩 五色雲手 眞言)

신선의 도를 얻는 진언

• 신선의 도를 구하려고 할 때

ॐ वग्र कालिरत् मत्

ॐ वज्र कालिरत् मत्

OM Vajra Kālirat Mat

● 산스크리트 음가 발음

☞옴 바즈라 카리라트 마트

● 산스크리트 음가 새로운 발음

☞옴 와즈라 까리라트 마트

● 한국화된 음가 발음

☞옴 바아라 가리라타 맘타

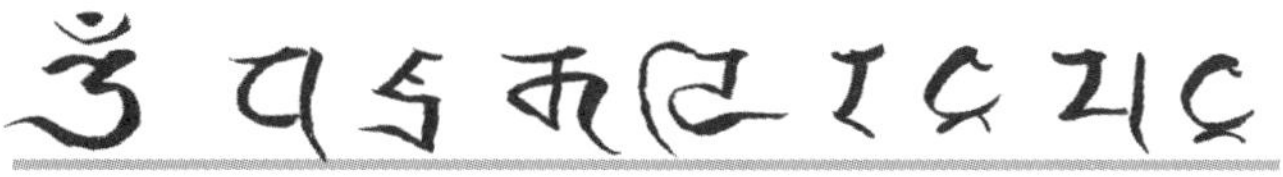

만약 신선의 도를 이루려는 이는 반드시

오색운수 진언을 외우라.

약위선도자 당어오색운수

(若爲仙道者 當於五色雲手)

24. 관세음보살 군지수 진언
(觀世音菩薩 軍遲手 眞言)

범천(梵天)에 태어나는 진언

- 범천에 태어나길 원할 때

ॐ वज्र शिखररुत मत्

OM Vajra Sīkhararūta Mat

● 산스크리트 음가 발음

☞옴 바즈라 시카라루타 마트

● 산스크리트 음가 새로운 발음

☞옴 와즈라 쉬카라루타 마트

● 한국화된 음가 발음

☞옴 바아라 사가로타 맘타

만약 범천에 태어나고자 하는 이는 반드시

군지수 진언을 외우라.

약위생범천자 당어군지수

(若爲生梵天者 當於軍遲手)

25. 관세음보살 홍련화수 진언
(觀世音菩薩 紅連花手 眞言)

제천궁(諸天宮)에 태어나는 진언

- 모든 천궁에 태어나길 원할 때

ॐ संकरे समयं स्वाहा

ॐ संकरे समयं स्वाहा

OM Samkare Samayam Svāhā

● 산스크리트 음가 발음

☞옴 삼카레 사마얌 스바하

● 산스크리트 음가 새로운 발음

☞옴 삼까레 사마얌 스와하

● 한국화된 음가 발음

☞옴 상아례 사바하

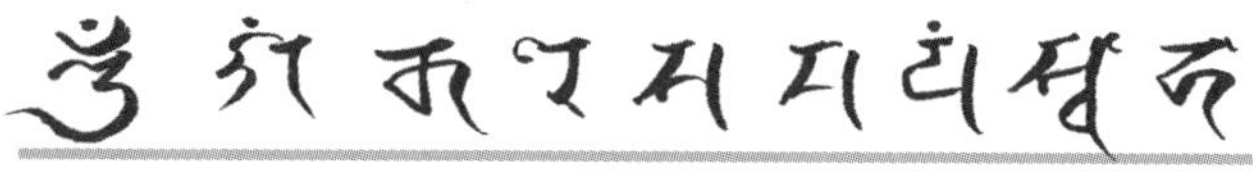

만약 하늘의 궁전에 태어나려는 이는 반드시 홍련화수 진언을 외우라.

약위왕생제천궁자 당어홍련화수

(若爲往生諸天宮者 當於紅蓮華手)

26. 관세음보살 보극수 진언 (觀世音菩薩 寶戟手 眞言)

몰려오는 역적을 물리치는 진언

- 역적이 몰려올 때 하는 진언

ॐ असमं गिानिह हुां पत

ॐ असमं गिनिह हुं पत्

OM Asamam Gīnihr Hūm Phat

● 산스크리트 음가 발음

☞옴 아사맘 기니흐르 훔 파트

● 산스크리트 음가 새로운 발음

☞옴 아사남 기니흐릭 훔 파트

● 한국화된 음가 발음

☞옴 삼매야 기니하리 훔 바탁

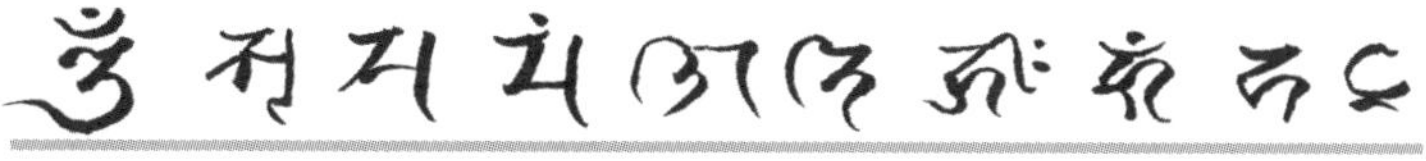

만약 만약 다른 곳의 부정적인 사람인 역적자(逆賊者)를 제거하려는 이는 반드시 보극수 진언을 외우라.

약위벽제타방역적자 당어보극수
(若爲辟除他方逆賊者 當於寶戟手)

27. 관세음보살 보라수 진언
(觀世音菩薩 寶螺手 眞言)

제천선신(諸天善神)들을 불러보는 진언

- 모든 제천선신들을 부를 때

ॐ संकरे मह संमयं स्वाहा

ॐ संकरे मह संमयं वाहा

OM Samkare Maha Samayam Svāhā

● 산스크리트 음가 발음

☞옴 삼카레 마하 사마얌 스바하

● 산스크리트 음가 새로운 발음

☞옴 사까레 마하 사마얌 스와하

● 한국화된 음가 발음

☞옴 상아례 마하 삼만염 사바하

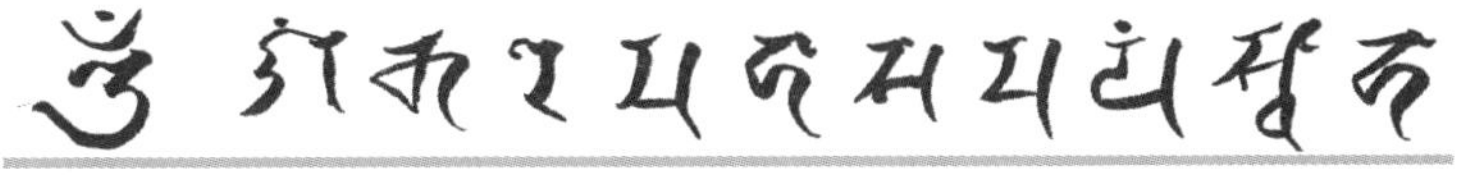

만약 일체의 모든 하늘과 훌륭한 신들을 부르려는 이는 반드시 보라수 진언을 외우라.

약위소호일체제천선신자 당어보라수

(若爲召呼一切諸天善神者 當於寶螺手)

28. 관세음보살 촉루장수 진언
(觀世音菩薩 髑髏杖手 眞言)

귀신을 다루려는 진언

• 귀신을 부리려면

ॐ धुान वज्र हा

ॐ धुान वज्र हा

OM Dhūna Vajra hā

● 산스크리트 음가 발음

☞ 옴 두나 바즈라 하

● 산스크리트 음가 새로운 발음

☞ 옴 두나 와즈라 하

● 한국화된 음가 발음

☞ 옴 도나 바아라 학

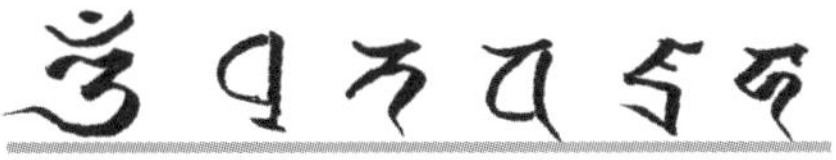

만약 일체의 귀신을 다루려는 이는 반드시

촉루장수 진언을 외우라.

약위사령일체귀신자 당어촉루장수

(若爲使令一切鬼神者 當於髑髏杖手)

29. 관세음보살 수주수 진언 (觀世音菩薩 數珠手 眞言)

모든 부처님과 연을 맺는 것

- 시방의 부처님과 연결하는 것

नमो रत्नत्रयाय ॐ अद्भुते विजये सिद्धि सिद्धार्थे स्वाहा

नमे रत्नत्रयाय ॐ अद्भुते विजये सिद्धि सिद्धिर्थे स्वाहा

Namo Ratnatrayāya OM Adbhute Vijaye Siddhī Siddharthe Svāhā

● 산스크리트 음가 발음

☞나모 라트나트라야야 옴 아드부테 비자예 시띠
시따르테 스바하

● 산스크리트 음가 새로운 발음

☞나모 라트나트라야야 옴 아드부테 비자예 시띠
시따르테 스바하

● 한국화된 음가 발음

☞나모라 다나다라야야 옴 아나바제 미아예 싯디
싯달제 사바하

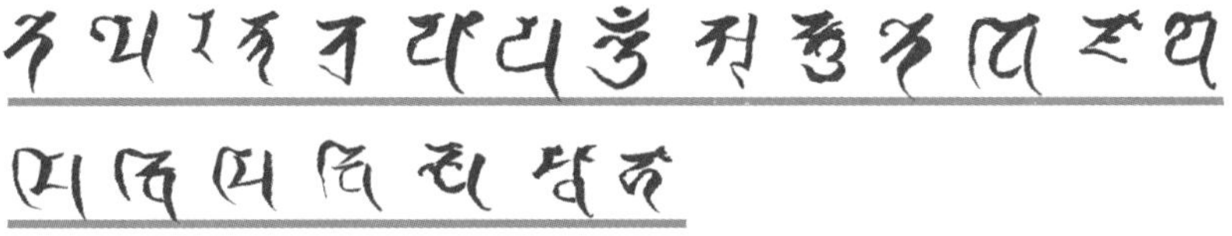

만약 시방의 모든 부처님이 빨리 오셔서 손을 내밀어
주길 원하는 이는 반드시 수주수 진언을 외우라.

약위시방제불속래수수자 당어수주수
(若爲十方諸佛速來授手者 當於數珠手)

30. 관세음보살 보탁수 진언 (觀世音菩薩 寶鐸手 眞言)

미묘한 범음(梵音)을 성취하는 진언

• 미묘한 범음을 취하려 할 때

नमो पद्म पनये ॐ अमृत गमे क्षाये क्षा मालीनी स्वाहा

नमे पद्म पनये ॐ अमृत गमे क्षाये क्षा मलिानि स्वाहा

Namo Padma Panaye OM Amrta Game Śrīye Śrī Malīnī Svāhā

● 산스크리트 음가 발음

☞나모 파드마 파나예 옴 암리타 가메 스리예 스리 마리니 스바하

● 산스크리트 음가 새로운 발음

☞나모 빠드마 빠나예 옴 암리따 가메 쉬리예 쉬리 마리니 스와하

● 한국화된 음가 발음

☞나모 바나맘 바나예 옴 아미리 담암베 시리예 시리 탐리니 사바하

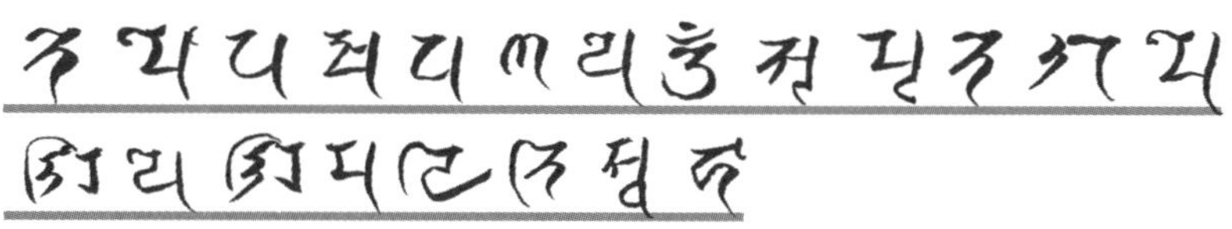

만약 일체의 최상의 미묘한 우주의 소리(梵音)를 들으려는 이는 반드시 보탁수 진언을 외우라.

약위성취일체상묘범음성자 당어보탁수
(若爲成就一切上妙梵音聲者 當於寶鐸手)

31. 관세음보살 보인수 진언
(觀世音菩薩 寶印手 眞言)

말을 잘하게 하는 진언

- 언변과 언사가 뛰어나려면

ॐ वग्न जितं जये स्वाहा

ॐ वज्र जितं जये स्वाहा

OM Vajra Jītam Jaye Svāhā

● 산스크리트 음가 발음

☞옴 바즈라 지탐 자예 스바하

● 산스크리트 음가 새로운 발음

☞옴 와즈라 지땀 자예 스와하

● 한국화된 음가 발음

☞옴 바아란녜 담아예 사바하

만약 조리 있는 말과 좋은 말을 하려는 이는

반드시 보인수 진언을 외우라.

약위구업사변교묘자 당어보인수

(若爲口業辭辯巧妙者 當於寶印手)

32. 관세음보살 구시철구수 진언 (觀世音菩薩 俱尸鐵鉤手 眞言)

신(神)과 용왕(龍王)에 도움을 구하는 진언

- 신과 용왕의 옹호를 원할 때

ॐ अर्गातर गर विसये नमः स्वाहा

ॐ अगार्तर ग्र विसये नमः स्वाहा

OM Agārtara Gra Vīsaye Nama: Svāhā

● 산스크리트 음가 발음

☞옴 아가르타라 그라 비사예 나마흐 스바하

● 산스크리트 음가 새로운 발음

☞옴 아가르따라 그라 위싸예 나마흐 스와하

● 한국화된 음가 발음

☞옴 아가로 다라가라 미사예 나모 사바하

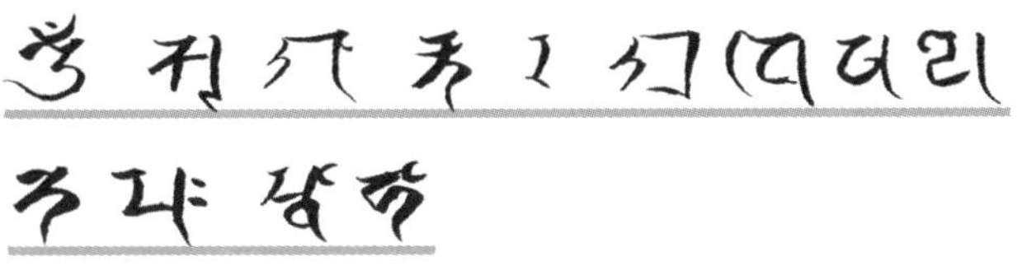

만약 훌륭한 신과 용왕이 언제나 와서 옹호 해주기를 바라는 이는 반드시 구시철구수 진언을 외우라.

약위선신용왕상래옹호자 당어구시철구수

(若爲善神龍王常來擁護者 當於俱尸鐵鉤手)

33. 관세음보살 석장수 진언
(觀世音菩薩 錫杖手 眞言)

자비심을 베푸는 진언

- 자비심으로 중생을 보호

ॐ नृिता नृिता नृतपानि नृते नृत्य पने हुां पत्

ॐ नृिता नृिता नृतपानि नृते नृत्य पने हुं पत्

OM Nrtī Nrtī Nrtapani Nrte Nrtya Pane Hūm Phat

● 산스크리트 음가 발음

☞옴 느리티 느리티 느르타파니 느르테 느르트야 파네 훔 파트

● 산스크리트 음가 새로운 발음

☞옴 느리띠 느리띠 느리따빠니 느리떼 느리뜨야 빠네 훔 파트

● 한국화된 음가 발음

☞옴 날지날지 날타바지 날제 나야바니 훔 바탁

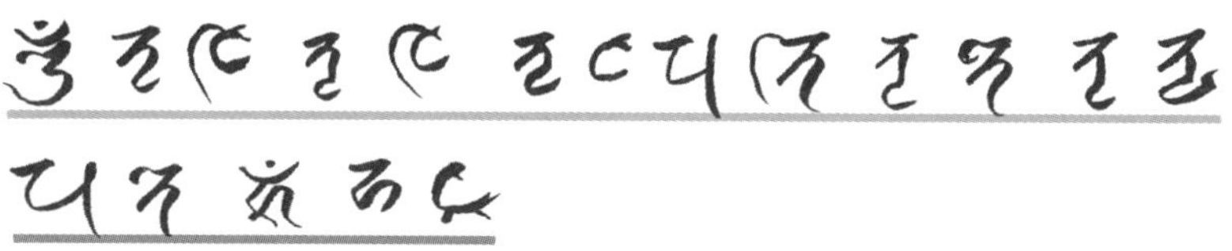

만약 일체의 중생을 자비로 보호하려는 이는 반드시 석장수 진언을 외우라.

약위자비복호일체중생자 당어석장수
(若爲慈悲覆護一切衆生者 當於錫杖手)

34. 관세음보살 합장수 진언
(觀世音菩薩 合掌手 眞言)

서로 공경 하게 하는 진언

- 모든 귀신, 동물, 사람 아닌 것의 공경

ॐ पद्मं जरिं ह्रः

ॐ पद्मं जरि हृः

OM Padmam Jalim Hrih:

● 산스크리트 음가 발음

☞옴 파드맘 자림 흐리흐

● 산스크리트 음가 새로운 발음

☞옴 빠드맘 자림 흐릭

● 한국화된 음가 발음

☞옴 바나맘 아림 하리

만약 일체의 중생들이 언제나 공경하고 사랑하는 마음을 가지게 하려는 이는 반드시 합장수 진언을 외우라.

약위일체중생상상공경애념자 당어합장수
(若爲一切衆生常相恭敬愛念者 當於合掌手)

35. 관세음보살 화불수 진언
(觀世音菩薩 化佛手 眞言)

부처님 곁에 머무는 진언

• 태어나는 곳마다 부처님과 함께 서원

ॐ चन्द्र भमन्तुलि घृनि घृनि हुं पत

ॐ चन्द्र भमन्तुलि घृनि घृनि हुं पत

OM Candra Bhamantulī Ghrni Ghrni Hūm Phat

●산스크리트 음가 발음

☞옴 찬드라 바만투리 그르니 그르니 훔 파트

●산스크리트 음가 새로운 발음

☞옴 짠드라 바만뚜리 그리니 그리니 훔 파트

●한국화된 음가 발음

☞옴 전나라 바맘타이 가리나기리 나기리 훔 바탁

만약 중생들이 부처님 근처에서 떠나지 않는 곳에서

태어나려는 이는 반드시 화불수 진언을 외우라.

약위생생지중불리제불변자 당어화불수

(若爲生生之衆不離諸佛邊者 當於化佛手)

36. 관세음보살 화궁전수 진언
(觀世音菩薩 化宮殿手 眞言)

항상 정토에서 인간으로 환생하지 않는 진언

- 부처님 궁전에 머묾

ॐ विासर विासर ह्रां पत्

ॐ विसर विसर हुं पत्

OM Vīsara Vīsara Hūm Phat

● 산스크리트 음가 발음

☞옴 비사라 비사라 훔 파트

● 산스크리트 음가 새로운 발음

☞옴 위사라 위사라 훔 파트

● 한국화된 음가 발음

☞옴 미사라 미사라 훔 바탁

만약 세세생생 언제나 부처님 궁전 안에 있고 탯덩이(胎藏) 몸을 받지 않으려는 이는 반드시 화궁전수 진언을 외우라.

약위생생세세상재불궁전중 불처태장중수신자 당어화궁전수
(若爲生生世世常在佛宮殿中 不處胎藏中受身者 當於化宮殿手)

37. 관세음보살 보경수 진언
(觀世音菩薩 寶經手 眞言)

만법(萬法)을 얻는 진언

- 많이 듣고 배우려 할 때

ॐ अहर सर्व विद्य धर पुजिते स्वाहा

ॐ अहर सर्व विद्य धर पुजिते स्वाहा

OM Ahara Sarva Vīdya Dhara Pujite Svāhā

●산스크리트 음가 발음

☞옴 아하라 사르바 비드야 다라 푸지테 스바하

●산스크리트 음가 새로운 발음

☞옴 아하라 사르와 위드야 뿌지테 스와하

●한국화된 음가 발음

☞옴 아하라 살바미냐 다라 바니데 사바하

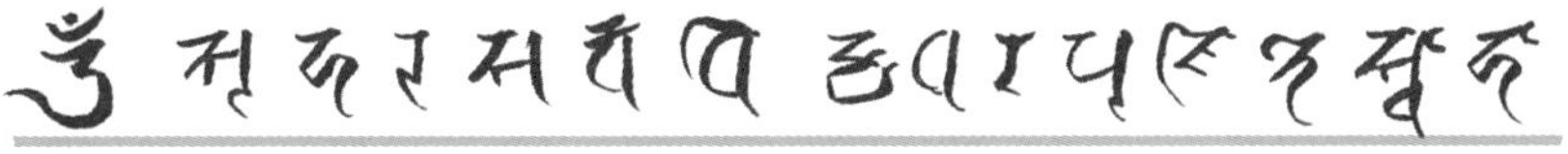

만약 많이 듣고 널리 배우고자 하는 이는 반드시 보경수 진언을 외우라.

약위다문광학자 당어보경수

(若爲多聞廣學者 當於寶經手)

38. 관세음보살 불퇴금륜수 진언 (觀世音菩薩 不退金輪手 眞言)

깨달음을 얻는 진언

- 성불까지 보리심을 잃지 않으려 할 때

ॐ चेदेमिानि स्वाहा

ॐ चेदेमीनी स्वाहा

OM Cedemīnī Svāhā

● 산스크리트 음가 발음

☞옴 체데미니 스바하

● 산스크리트 음가 새로운 발음

☞옴 쩨데미니 스와하

● 한국화된 음가 발음

☞옴 서나미자 사바하

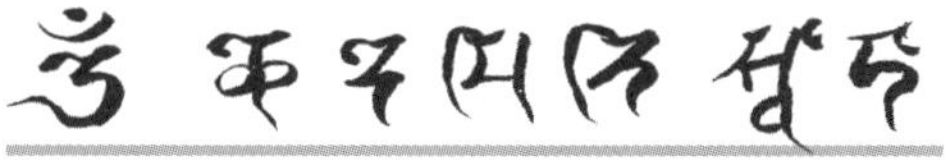

만약 현생의 몸이 부처의 몸이 될 때까지 깨닫고자 하는 마음(菩提心)에서 물러서지 않으려는 이는 반드시 불퇴금륜수 진언을 외우라.

약위종금신지불신 보리심상불퇴전자 당어불퇴금륜수
(若爲從今身至佛身 菩提心常不退轉者 當於不退金輪手)

39. 관세음보살 정상화불수 진언
(觀世音菩薩 頂上化佛手 眞言)

모든 부처님의 마정수기(摩頂授記)를 얻는 진언

• 시방의 부처님이 속히 와서 정수리를 만져 주시고 수기 해 주기를 원할 때

ॐ वज्रानि वज्रांगे स्वाहा

ॐ वज्रीनि वज्रांगे स्वाहा

OM Vajrīnī Vajramge Svāhā

● 산스크리트 음가 발음

☞옴 바즈리니 바즈람게 스바하

● 산스크리트 음가 새로운 발음

☞옴 와즈리니 와즈람게 스와하

● 한국화된 음가 발음

☞옴 바아라니 바아람예 사바하

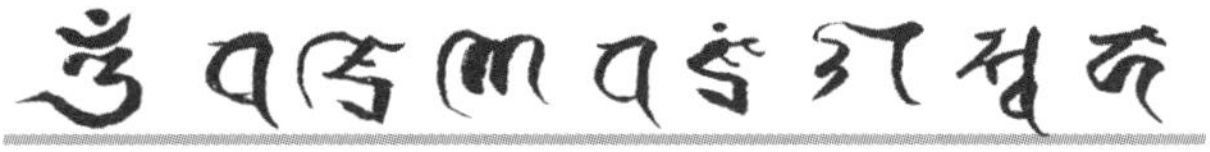

만약 시방의 모든 부처님께서 빨리 오셔서 정수리를 만지시고 수기해 주시기를 바라는 이는 반드시 정상화불수 진언을 외우라.

약위시방제불속래마정수기자 당어정상화불수

(若爲十方諸佛速來摩頂授記者 當於頂上化佛手)

40. 관세음보살 포도수 진언 (觀世音菩薩 葡萄手 眞言)

곡식과 과일이 번성케 하는 진언

- 오곡백과가 풍성하길 기원할 때

ॐ अमर कंतिातेजिानिा स्वाहा

ॐ अमर कंतितेजिनि स्वाहा

OM Amala Kamtītejīnī Svāhā

● 산스크리트 음가 발음

☞옴 아마라 캄티테지니 스바하

● 산스크리트 음가 새로운 발음

☞옴 아마라 깜띠떼지니 스와하

● 한국화된 음가 발음

☞옴 아마라 감제니니 사바하

만약 모든 과일과 열매와 곡식을 심어서 얻고자 하는 이는 반드시 포도수 진언을 외우라.

약위과라제곡가자 당어포도수

(若爲果蓏諸穀稼者 當於葡萄手)

41. 관세음보살 감로수 진언 (觀世音菩薩 甘露手 眞言)

목마름에서 벗어나는 진언

- 모든 중생이 기갈에서 벗어나서 청량함을 얻으려 할 때

ॐ सुरुसु प्रसुरु प्रसुरु सुरसुरुय स्वाहा

ॐ सुरुसुरु प्रसुरु प्रसुरु सुरुसुरुय स्वाहा

OM Surusuru Prasuru Prasuru Surusuruya Svāhā

● 산스크리트 음가 발음

☞옴 수루수루 프라수루 프라수루 수루수루야 스바하

● 산스크리트 음가 새로운 발음

☞옴 수루 수루 쁘라수루 쁘라수루 수루수루야 스바하

● 한국화된 음가 발음

☞옴 소로소로 바라소로 바라소로 소로소로야 사바하

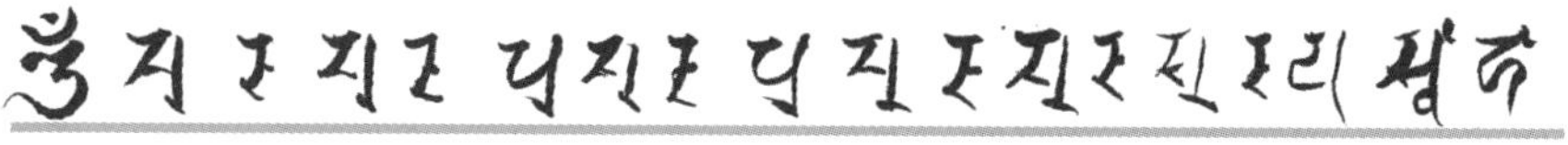

만약 모든 목마른 이들과 아귀들에게 청량함을

주려는 이는 반드시 감로수 진언을 외우라.

약위일체기갈유정급제아귀 득청량자 당어감로수

(若爲一切飢渴有情及諸餓鬼 得淸凉者 當於甘露手)

42. 관세음보살 총섭천비수 진언 (觀世音菩薩 總攝千臂手 眞言)

모든 마구니를 물리치는 진언

- 모든 마귀들의 항복을 받는 것

ॐ तद्यथा वलोकितेश्वराय संवदुास्त उाहामाय स्वाहा

ॐ तद्यथा वलोकितेश्वराय सर्वदूस्त ऊहमीय स्वाहा

OM Tadyathā Valokiteśvarāya Sarvadūsta Ūhamīya Svāhā

● 산스크리트 음가 발음

☞옴 타드야타 발로키테스바라야 사르바두스타
우하미야 스바하

● 산스크리트 음가 새로운 발음

☞옴 따드야타 왈로끼떼슈하라야 사르와두쓰따
우하미야 스와하

● 한국화된 음가 발음

☞옴 다냐타 바로기제 세바라야 살바도타
오하야미 사바하

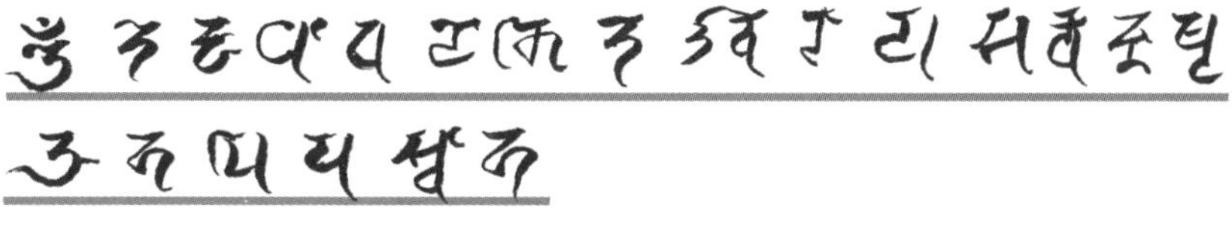

만약 삼천대천세계의 원적인 마군의 항복을 받으려면
반드시 총섭천비수 진언을 외우라.

약위능복삼천대천세계원마자 당어총섭천비수
(若爲能伏三千大天世界怨魔者 當於總攝千臂手)

제4장

관세음보살 42수 진언 언어별 표기

1.관세음보살 42수 진언 산스크리트 표기

आर्यावलोकितेश्वराया दविचत्वरिंशत् मुद्रा धरनि

① ॐ वग्र वतार हुां पत्
② ॐ गिरिगिलर वराउद्र हुां पत्
③ ॐ गिरिगिरि वग्र हुां पत्
④ ॐ तेजेतेज सिाविनि सिद्दे सधय हुां पत्
⑤ ॐ दिप्य दिप्य दिपय महा श्ये स्वाहा

⑥ ॐ वग्र गनिप्र दिप्तय स्वाहा
⑦ ॐ ज्वलनय दिप्तय हुां पत्
⑧ ॐ दुापिादुापािकिय दुापिाप्रज्वरिा स्वाहा
⑨ ॐ सुसिाद्धिा करिा स्वाहा
⑩ ॐ अचलविारे स्वाहा

⑪ ॐ कमर स्वाहा
⑫ ॐ सुासिाद्धिा करिाज्वलतनंत मुरित्तये ज्वर ज्वर बन्ध बन्ध हन हन हुां पत्
⑬ ॐ पद्मने भगवति मेहय मेहय जग महुमनिा स्वाहा
⑭ ॐ संगरे संमंयं सवह
⑮ ॐ यक्स नधय कत्रधनु प्रिाय पसा पसा स्वाहा

⑯ ॐ विार विारय स्वाहा
⑰ ॐ पद्म विारये स्वाहा
⑱ ॐ वग्र विारय स्वाहा
⑲ ॐ करिाकरिा वग्र वजरिा भुारभनु हुां पत्
⑳ ॐ विास्फुरद् रक्ष वग्र पंजर हुां पत्

㉑ ॐ सरसर वग्र प्रकार हुां पत्

㉒ ॐ वग्र पह्ः गगन मल हुां

㉓ ॐ वग्र कालिरत् मत्

㉔ ॐ वग्र शिखररुात मत्

㉕ ॐ संकरे समयं स्वाहा

㉖ ॐ असमं गिानिह्ट हुां पत्

㉗ ॐ संकरे मह संमयं स्वाहा

㉘ ॐ धुान वग्न हा

㉙ नमे रत्नत्रयाय ॐ अद्भुते विाजये सिद्धिा सिद्धिर्दथे स्वाहा

㉚ नमे पद्मपनये ॐ अमृत गमे क्षाये क्षा मलिानिा स्वाहा

㉛ ॐ वग्न जिातं जये स्वाहा

㉜ ॐ अर्गातर ग्र विासये नमः स्वाहा

㉝ ॐ नृतिा नृतिा नृतपानि नृते नृत्य पने हुां पत्

㉞ ॐ पद्मं जरिं ह्ः

㉟ ॐ चन्द्रभमन्तुलिा ङ्कनि ङ्कनि हुां पत्

㊱ ॐ विासर विासर हुां पत्

㊲ ॐ अहर र्सव विाद्य धर पुजिते स्वाहा

㊳ ॐ चेदेमिानिा स्वाहा

㊴ ॐ वग्नीानिा वग्रंगे स्वाहा

㊵ ॐ अमर कंतिातेजिानिा स्वाहा

㊶ ॐ सुरुसु प्रसुरु प्रसुरु सुरसुरुय स्वाहा

㊷ ॐ तद्यथा वलोकितेश्वराय र्सवदुास्त उाहमिाय स्वाहा

2.관세음보살 42수 진언 로마나이즈 표기

Āryavalokiteśvārayā Dvicatvārimśat Mudrā Dharāni

① OM VajrāVatāra Hūm Phat
② OM Kīlīkīlara Varāudra Hūm Phat
③ OM Kīlīkīli Vajra Hūm Phat
④ OM Tejeteja Sīvīnī Sīdde Sadhaya Hūm Phat
⑤ OM Dīpya Dīpya Dīpaya mahāŚrye Svāhā

⑥ OM Vajrā Gnipra Diptaya Svāhā
⑦ OM Jvalanaya Diptaya Hūm Phat
⑧ OM Dhūpīdhūpīkaya Dhūpīpra JvarīSvāhā
⑨ OM Sūsīddhī Karī Svāhā
⑩ OM Acharavīre Svāhā

⑪ OM Kamala Svāhā
⑫ OM Sūsīddhī Karījvalatanamta Murittaye Jvara Jvara Bandha Bandha Hana Hana Hūm Phat
⑬OMPadmaneBhagavatīMohayaMohayaJagaMahumanīSvāhā
⑭ OM Samkare Samayam Svāhā
⑮ OM Yaksa Nadhaya Katra Dhanu Prīya Pasā Pasā Svāhā

⑯ OM Vīra Vīraya Svāhā
⑰ OM Padma Vīraya Svāhā
⑱ OM Vajra Vīraya Svāhā
⑲ OM KarīkarīVajra Vajrī Bhūrabhanu Hūm Phat
⑳ OM Vīsphurad Raksa Vajra Pamjara Hūm Phat

㉑ OM Sarasara Vajra Prakāra Hūm Phat
㉒ OM Vajra Pahr Gagana Mala Hūm
㉓ OM Vajra Kālirat Mat
㉔ OM Vajra Sīkhararūta Mat
㉕ OM Samkare Samayam Svāhā

㉖ OM Asamam Gīnihr Hūm Phat
㉗ OM Samkare Maha Samayam Svāhā
㉘ OM Dhūna Vajra hā
㉙NamoRatnatrayāyaOMAdbhuteVījayeSiddhīSiddhartheSvāhā
㉚ Namo Padma Panaye OM Amrta Game Śrīye Śrī Malīnī Svāhā

㉛ OM Vajra Jītam Jaye Svāhā
㉜ OM Agārtara Gra Vīsaye Nama: Svāhā
㉝ OM Nrtī NrtīNrtapani Nrte Nrtya Pane Hūm Phat
㉞ OM Padmam Jalim Hrih:
㉟ OM Candra Bhamantulī Ghrni Ghrni Hūm Phat

㊱ OM Vīsara Vīsara Hūm Phat
㊲ OM Ahara Sarva Vīdya Dhara Pujite Svāhā
㊳ OM CedemīnīSvāhā
㊴ OM VajrīnīVajramge Svāhā
㊵ OM Amala KamtītejīnīSvāhā

㊶ OM Surusuru Prasuru Prasuru Surusuruya Svāhā
㊷ OM TadyathāValokiteśvarāya Sarvadūsta Ūhamīya Svāhā

3.관세음보살 42수 진언 산스크리트 한글 읽기

아르야발로키테스바라야 드비차트바림사트 무드라 다라니

● 보기

- 산스크리트 음가 발음
- 산스크리트 음가 새로운 발음
- 한국화된 음가 발음

① • 옴 바즈라 바타라 훔 파트
• 옴 와즈라 와타라 훔파트
• 옴 바아라 바다라 훔 바탁

② • 옴 끼리끼라라 바라우드라 훔 파트
• 옴 끼리끼라라 와라우드라 훔파트
• 옴 기리라라 모나라 훔 바탁

③ • 옴 끼리끼리 바즈라 훔 파트
• 옴 끼리끼리 와즈라 훔 파트
• 옴 기리기리 바아라 훔 바탁

④ • 옴 떼제떼자 시비니 시떼 사다야 훔 파트
• 옴 떼제 떼자 시위니 신데 사다야 훔 파트
• 옴 제세제야 도미니 도제 사다야 훔 바탁

⑤ • 옴 디프야 디프야 디파야 마하 스르예 스바하
• 옴 디빠 디빠 디빠야 마하 쉬리예 스와하
• 옴 이베 이베 이파야 마하 시리예 사바하

⑥ • 옴 바즈라 그니프라 디프타야 스바하
• 옴 와즈라 그니쁘라 딥따야 스와하
• 옴 바아라 아니바라 닙다야 사바하

⑦ • 옴 즈바라나야 디프타야 훔 파트
• 옴 즈와라나야 훔 파트
• 옴 아라나야 훔 파탁

⑧ • 옴 두피두피카야 두피프라 즈바리 스바하
• 옴 두삐두삐까야 두삐쁘라 즈와리 스와하
• 옴 도비가야 도비바라 바리니 사바하

⑨ • 옴 수시띠 까리 스바하
• 옴 수싣디 까리 스와하
• 옴 소싯지 아리 사바하

⑩ • 옴 아차라위레 스바하
• 옴 아짜라위레 스와하
• 옴 아자미레 사바하

⑪ • 옴 카마라 스바하
• 옴 까마라 스와하
• 옴 가마라 사바하

⑫ • 옴 수시띠 카리즈바라타남타 무리따예 즈바라 즈바라 반다 반다 하나 하나 훔 파트
• 옴 수싣디 까리즈와라따남따 므리르따예 즈와라 즈와라 반다 반다 하나 하나 훔 파트
• 옴 소싯지 가리바리 다남타 목다에 바아라 바아라 반다 하나 하나 훔 바탁

⑬ • 옴 파드마네 바가바티 모하야 모하야 자가 마후마니 스바하
• 옴 빠드마네 바가와띠 모하야 모하야 자가 마흐마니 스와하
• 옴 바나미니 바아바제 모하야 야아 모하니 사바하

⑭ • 옴 삼카레 사마얌 스바하
• 옴 삼까레 사마얌 스와하
• 옴 아예 삼맘염 사바하

⑮ • 옴 약사 나다야 카트라 다누 프리야 파사 파사 스바하
• 옴 약사 나다야 까뜨라 다누 쁘리야 빠사 빠사 스와하
• 옴 약삼 나다야 사짠라 다두 발야 바사 바사 사바하

⑯ • 옴 비라 비라야 스바하
• 옴 위라 위라야 스와하
• 옴 미라야 미라야 사바하

⑰ • 옴 파드마 비라야 스바하
• 옴 빠드마 위라야 스와하
• 옴 바아맘 미라야 사바하

⑱ • 옴 바즈라 비라야 스바하
• 옴 와즈라 위라야 스와하
• 옴 바아라 미라야 사바하

⑲ • 옴 카리카리 바즈라 바즈리 부라바누 훔 파트
• 옴 까리까리 와즈라 와즈리 부라바누 훔 파트
• 옴 기리기리 바아라 불반다 훔 바탁

⑳ • 옴 비스푸라드 락사 바즈라 팜자라 훔 파트
• 옴 위스푸라드 락사 와즈라 빰자라 훔 파트
• 옴 미보라 나락사 바아라 만다라 훔 바탁

㉑ • 옴 사라사라 바즈라 프라카라 훔 파트
• 옴 사라사라 와즈라 쁘라까라 훔 파트
• 옴 사라사라 바아라 가라 훔 바탁

㉒ • 옴 바즈라 파흐르 가가나 마라 훔
• 옴 와즈라 빠흐릭 가가나 마라 훔
• 옴 바아라 바사가리 아나맘나 훔

㉓ • 옴 바즈라 카리라트 마트
• 옴 와즈라 까리라트 마트
• 옴 바아라 가리라타 맘타

㉔ • 옴 바즈라 시카라루타 마트
• 옴 와즈라 쉬카라루타 마트
• 옴 바아라 사가로타 맘타

㉕ • 옴 삼카레 사마얌 스바하
• 옴 삼까레 사마얌 스와하
• 옴 상아레 사바하

㉖ • 옴 아사맘 기니흐르 훔 파트
• 옴 아사남 기니흐릭 훔 파트
• 옴 삼매야 기니하리 훔 바탁

㉗ • 옴 삼카레 마하 사마얌 스바하
• 옴 사까레 마하 사마얌 스와하
• 옴 상아례 마하 삼만염 사바하

㉘ • 옴 두나 바즈라 하
• 옴 두나 와즈라 하
• 옴 도나 바아라 학

㉙ • 나모 라트나트라야야 옴 아드부테 비자예 시띠 시따르테 스바하
• 나모 라뜨나뜨라야야 옴 아드부떼 위자예 디 다르테 스와하
• 나모라 다나다라야야 옴 아나바제 미아예 싯디 싯달제 사바하

㉚ • 나모 파드마 파나예 옴 암리타 가메 스리예 스리 마리니 스바하
• 나모 빠드마 빠나예 옴 암리따 가메 쉬리예 쉬리 마리니 스와하
• 나모 바나맘 바나예 옴 아미리 담암베 시리예 시리탐리니 사바하

㉛ • 옴 바즈라 지탐 자예 스바하

• 옴 와즈라 지땀 자예 스와하

• 옴 바아란네 담아예 사바하

㉜ • 옴 아가르타라 그라 비사예 나마흐 스바하

• 옴 아가르따라 그라 위싸예 나마흐 스와하

• 옴 아가로 다라가라 미사예 나모 사바하

㉝ • 옴 느리티 느리티 느르타파니 느르테 느르트야 파네 훔 파트

• 옴 느리띠 느리띠 느리따빠니 느리떼 느리뜨야 빠네 훔 파트

• 옴 날지날지 날타바지 날제 나야바니 훔 바탁

㉞ • 옴 파드맘 자림 흐리흐

• 옴 빠드맘 자림 흐릭

• 옴 바나맘 아림 하리

㉟ • 옴 찬드라 바만투리 그르니 그르니 훔 파트

• 옴 짠드라 바만뚜리 그리니 그리니 훔 파트

• 옴 전나라 바맘타이 가리나기리 나기리니 훔 바탁

㊱ • 옴 비사라 비사라 훔 파트

• 옴 위사라 위사라 훔 파트

• 옴 미사라 미사라 훔 바탁

㊲ • 옴 아하라 사르바 비드야 푸지테 스바하
• 옴 아하라 사르와 위드야 뿌지테 스와하
• 옴 아하라 살바미냐 다라 바니뎨 사바하

㊳ • 옴 체데미니 스바하
• 옴 쩨데미니 스와하
• 옴 서나미자 사바하

㊴ • 옴 바즈리니 바즈람게 스바하
• 옴 와즈리니 와즈람게 스와하
• 옴 바아라니 바아람예 사바하

㊵ • 옴 아마라 캄티테지니 스바하
• 옴 아마라 깜띠떼지니 스와하
• 옴 아마라 감제니니 사바하

㊶ • 옴 수루수루 프라수루 프라수루 수루수루야 스바하
• 옴 수루 수루 쁘라수루 쁘라수루 수루수루야 스바하
• 옴 소로소로 바라소로 바라소로 소로소로야 사바하

㊷ • 옴 타드야타 발로키테스바라야 사르바두스타 우하미야 스바하
• 옴 따드야타 왈로끼떼슈하라야 사르와두쓰따 우하미야 스와하
• 옴 다냐타 바로기제 세바라야 살바도타 오하야미 사바하

4.관세음보살 42수 진언 해설 한글/한자 표기

① 불고아난 약위부용종종진보자구자 당어여의주수
(佛告阿難 若爲富饒種種珍寶資具者 當於如意珠手)

② 약위종종불안구안은자 당어견색수
(若爲種種不安求安隱者 當於絹索手)

③ 약위복중제병 당어보발수
(若爲復中諸病 當於寶鉢手)

④ 약위항복일체망량귀신자 당어보검수
(若爲降伏一切魍魎鬼神者 當於寶劍手)

⑤ 약위항복일체천마신자 당어발절라수
(若爲降伏一切天魔神者 當於跋折羅手)

⑥ 약위최복일체원적자 당어금강저수
(若爲催伏一切怨敵者 當於金剛杵手)

⑦ 약위일체처포외불안자 당어시무외수
(若爲一切處怖畏不安者 當於施無畏手)

⑧ 약위안암무광명자 당어일정마니수
(若爲眼闇無光明者 當於日靜摩尼手)

⑨ 약위열독병구청량자 당어월정마니수
(若爲熱毒病求淸凉者 當於月靜摩尼手)

⑩ 약위영관익직자 당어보궁수
(若爲榮官益職者 當於寶弓手)

⑪ 약위제선붕우조상봉자 당어보전수
(若爲諸善朋友早相逢者　當於寶箭手)

⑫ 약위신상종종병자 당어양류지수
(若爲身上種種病者　當於楊柳枝手)

⑬ 약위제신상악장난자 당어백불수
(若爲際身上惡障難者　當於白拂手)

⑭ 약위일체선화권속자 당어보병수
(若爲一切善和眷屬者　當於寶瓶手)

⑮ 약위벽제일체호랑시표제악수자 당어방패수
(若爲辟除一切虎狼豺豹諸惡獸者　當於防牌手)

⑯ 약위일체시처호리관리자 당어월부수
(若爲一切時處好離官離者　當於鉞斧手)

⑰ 약위남녀복사자 당어옥환수
(若爲男女僕使者　當於玉環手)

⑱ 약위종종공덕자 당어백련화수
(若爲種種功德者　當於白蓮華手)

⑲ 약위욕득왕생시방정토자 당어청련화수
(若爲欲得往生十方淨土者　當於靑蓮華手)

⑳ 약위대지혜자 당어보경수
(若爲大智慧者　當於寶鏡手)

㉑ 약위면견시방일체제불자 당어자련화수
(若爲面見十方一切諸佛者 當於紫蓮華手)

㉒ 약위지중복장자 당어보협수
(若爲地中伏藏者 當於寶篋手)

㉓ 약위선도자 당어오색운수
(若爲仙道者 當於五色雲手)

㉔ 약위생범천자 당어군지수
(若爲生梵天者 當於軍遲手)

㉕ 약위왕생제천궁자 당어홍련화수
(若爲往生諸天宮者 當於紅蓮華手)

㉖ 약위벽제타방역적자 당어보극수
(若爲辟除他方逆賊者 當於寶戟手)

㉗ 약위소호일체제천선신자 당어보라수
(若爲召呼一切 諸天善神者 當於寶螺手)

㉘ 약위사령일체귀신자 당어촉루장수
(若爲使令一切鬼神者 當於髑髏杖手)

㉙ 약위시방제불속래수수자 당어수주수
(若爲十方諸佛速來授手者 當於數珠手)

㉚ 약위성취일체상묘범음성자 당어보탁수
(若爲成就一切上妙梵音聲者 當於寶鐸手)

㉛ 약위구업사변교묘자 당어보인수
(若爲口業辭辯巧妙者 當於寶印手)

㉜ 약위선신용왕상래옹호자 당어구시철구수
(若爲善神龍王常來擁護者 當於俱尸鐵鉤手)

㉝ 약위자비복호일체중생자 당어석장수
(若爲慈悲覆護一切衆生者 當於錫杖手)

㉞ 약위일체중생상상공경애념자 당어합장수
(若爲一切衆生常相恭敬愛念者 當於合掌手)

㉟ 약위생생지중불리제불변자 당어화불수
(若爲生生之衆不離諸佛邊者 當於化佛手)

㊱ 약위생생세세상재불궁전중 불처태장중수신자 당어화궁전수
(若爲生生世世常在佛宮殿中 不處胎藏中受身者 當於化宮殿手)

㊲ 약위다문광학자 당어보경수
(若爲多聞廣學者 當於寶經手)

㊳ 약위종금신지불신 보리심상불퇴전자 당어불퇴금륜수
(若爲從今身至佛身 菩提心常不退轉者 當於不退金輪手)

㊴ 약위시방제불속래마정수기자 당어정상화불수
(若爲十方諸佛速來摩頂授記者 當於頂上化佛手)

㊵ 약위과라제곡가자 당어포도수
(若爲果蓏諸穀稼者 當於葡萄手)

㊶ 약위일체 기갈유정급제아귀 득청량자 당어감로수
(若爲一切 飢渴有情及諸餓鬼 得淸凉者 當於甘露手)

㊷ 약위능복삼천대천세계원마자 당어총섭천비수
(若爲能伏三千大天世界怨魔者 當於總攝千臂手)

5.관세음보살 42수 진언 실담어 표기

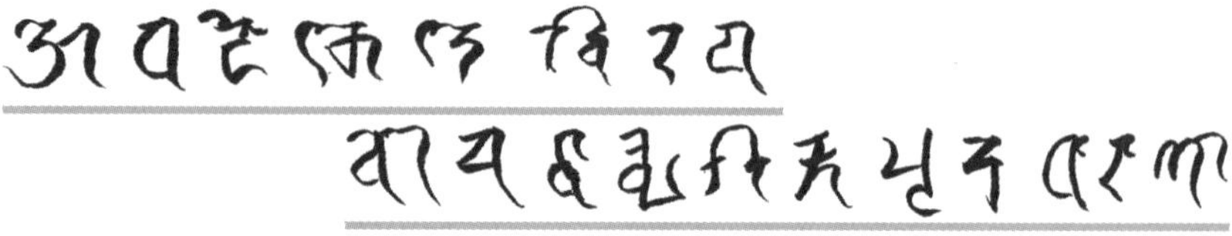

① 

② 

③ 

④ 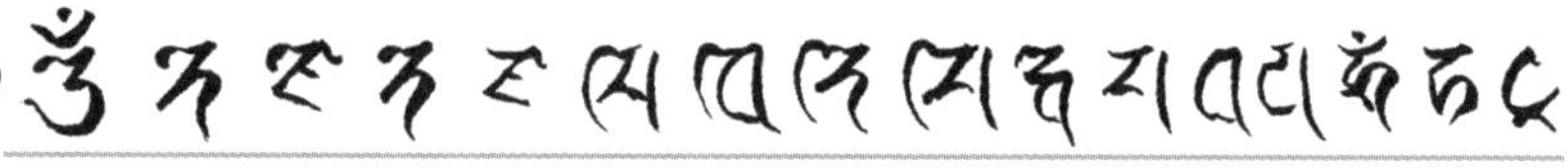

⑤ 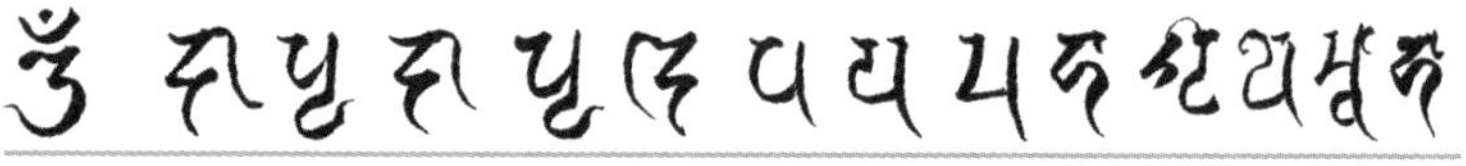

⑥ 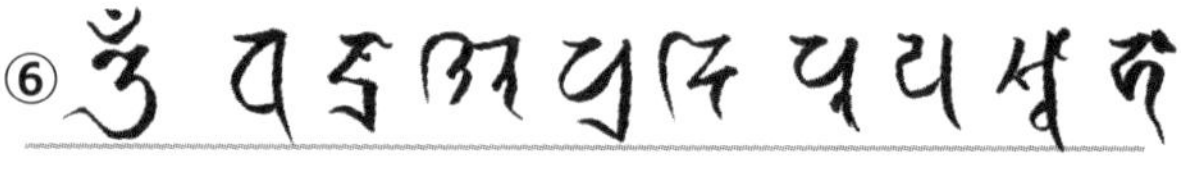

⑦ 

⑧ 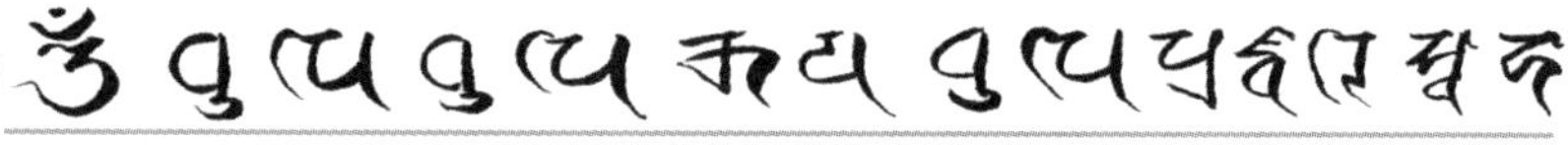

⑨ 

⑩ 

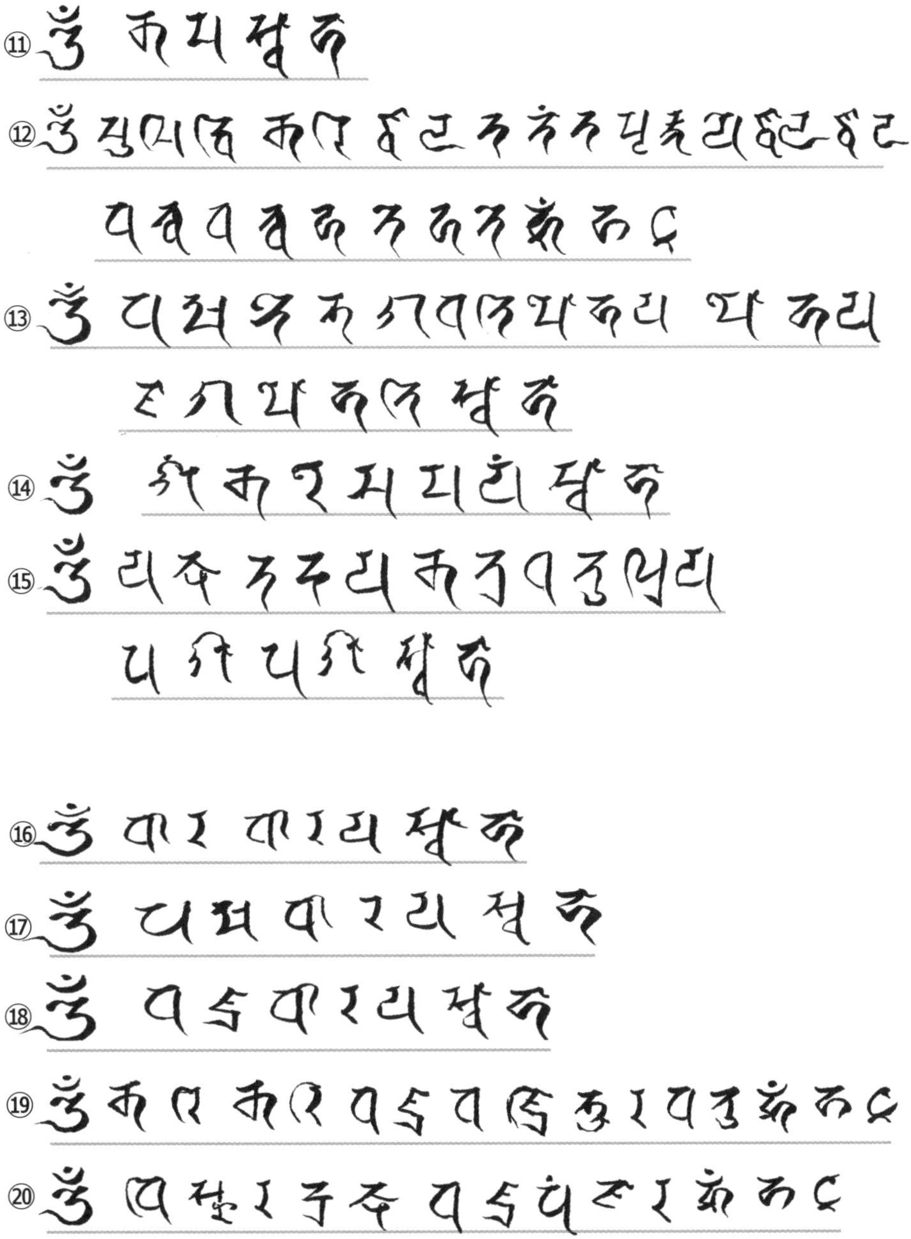

㉑ 

㉒ 

㉓ 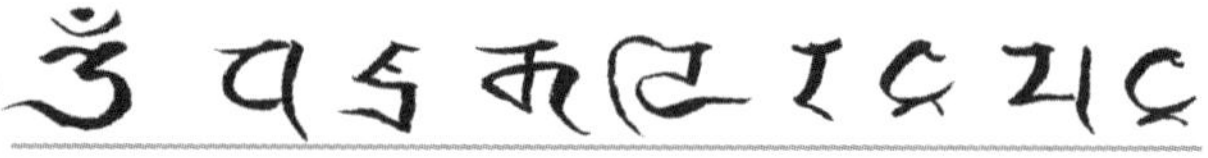

㉔ 

㉕ 

㉖ 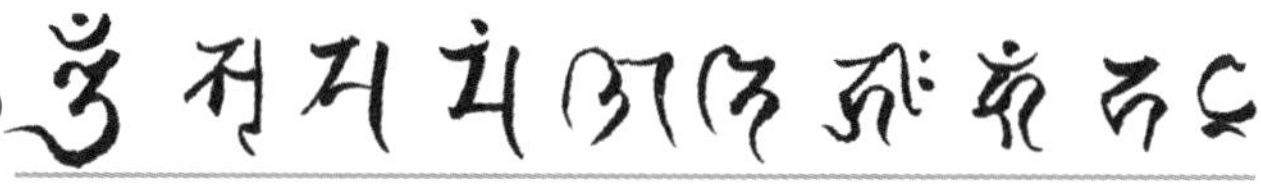

㉗ 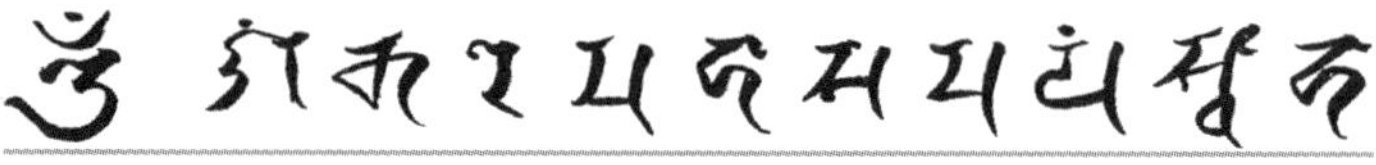

㉘ 

㉙ 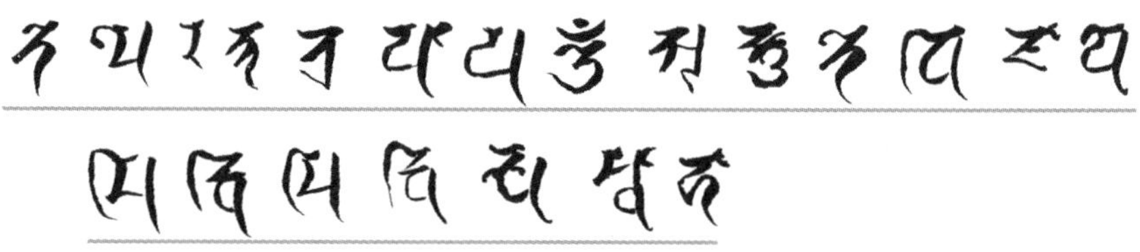

㉚ 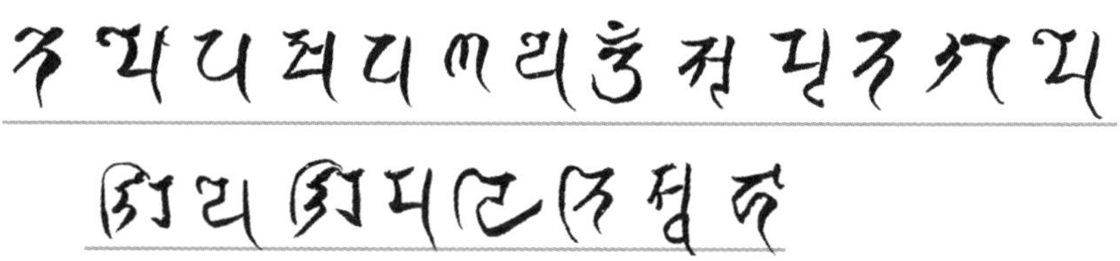

㉛ ᨨ ᨀᨴᨳᨳ ᨯᨣᨳᨮ

㉜ ᨨ ᨆᨉᨳᨳ ᨉᨀᨀᨫ ᨳᨃ ᨮᨮ

㉝ ᨨ ᨳᨳᨳ ᨳᨀᨀᨳᨳᨳᨳ ᨀᨳᨶᨳᨱ

㉞ ᨨ ᨀᨮᨳᨱ ᨨ

㉟ ᨨ ᨀᨳᨳᨀ ᨰᨀᨳᨲ ᨀᨲ ᨮᨱ

㊱ ᨨ ᨀᨳ ᨀᨳᨮ ᨳᨱ

㊲ ᨨ ᨆᨳᨳᨳ ᨳᨀᨀᨳᨳᨮᨳ

㊳ ᨨ ᨳᨀᨀᨀ ᨮᨳ

㊴ ᨨ ᨀᨳᨲᨀᨳᨀ ᨀᨳ

㊵ ᨨ ᨆᨀᨳ ᨳᨳ ᨀᨳᨳᨮᨳ

㊶ ᨨ ᨀᨳᨳ ᨀᨀᨲ ᨀᨀᨳ ᨀᨳᨳ ᨳᨳ

6.관세음보살 42수 진언 한글 해석

삼보(三寶)에 귀의합니다.
거룩하신 관세음보살님, 대자대비(大慈大悲)하신 관세음보살님께 귀의합니다.

① 부처님께서 아난(阿難)에게 이르시기를 만약에 여러 가지 진귀한 보물과 함께 풍요롭게 되려고 하는 이는 이 여의주수 진언을 외우라.

② 만약 여러 불안에서 안온함을 원한다면 견색수 진언을 외우라.

③ 만약 뱃속의 모든 병을 없애려면 반드시 보발수 진언을 외우라.

④ 만약 모든 도깨비와 귀신을 항복시키려는 이는 반드시 보검수 진언을 외우라.

⑤ 만약 모든 하늘에 있는 악마와 귀신을 항복시키려고 하는 이는 반드시 발절라수 진언을 외우라.

⑥ 만약 모든 원한 맺힌 적을 물리치고 항복시키려고 하는 이는 반드시 금강저수 진언을 외우라.

⑦ 만약 모든 곳에서 공포와 두려움과 불안한 이는 반드시 시무외수 진언을 외우라.

⑧ 만약 눈이 깜깜하여 빛이 없는 이는 반드시 일정마니수 진언을 외우라.

⑨ 만약 열이 나고 독한 병 때문에 깨끗하고 시원한 것을 얻으려는 이는 반드시 월정마니수 진언을 외우라.

⑩ 만약 영광된 벼슬과 좋은 직책을 얻으려는 이는 반드시 보궁수 진언을 외우라.

⑪ 만약 모든 진실하고 좋은 벗을 일찍이 만나고자 하는 이는 반드시 보전수 진언을 외우라.

⑫ 만약 몸에 여러 가지 병이 있는 이는 반드시 양류지수 진언을 외우라.

⑬ 만약 몸위에 악업의 장애로 인하여 어려움을 없애려는 이는 반드시 백불수 진언을 외우라.

⑭ 만약 일체의 권속을 화합시키려는 이는 반드시 보병수 진언을 외우라.

⑮ 만약 일체의 호랑이, 이리, 승냥이, 표범들의 악한 짐승을 물리치려는 이는 반드시 방패수 진언을 외우라.

⑯ 만약 일체의 시간과 장소에서 관료의 억압으로부터 벗어나고자 하는 이는 반드시 월부수 진언을 외우라.

⑰ 만약 남녀의 하인들을 순종하게 하려는 이는 반드시 옥환수 진언을 외우라.

⑱ 만약 여러 가지의 공덕을 이루려는 하려는 이는 반드시 백련화수 진언을 외우라.

⑲ 만약 시방정토에 태어나려고 하는 이는 반드시 청련화수 진언을 외우라.

⑳ 만약 큰 지혜를 이루려는 이는 반드시 보경수 진언을 외우라.

㉑ 만약 시방의 모든 부처님을 뵈려는 이는 반드시 자련화수 진언을 외우라.

㉒ 만약 땅속에 감추어진 것을 얻으려는 이는 반드시 보협수 진언을 외우라.

㉓ 만약 신선의 도를 이루려는 이는 반드시 오색운수 진언을 외우라.

㉔ 만약 범천에 태어나고자 하는 이는 반드시 군지수 진언을 외우라.

㉕ 만약 하늘의 궁전에 태어나려는 이는 반드시 홍련화수 진언을 외우라.

㉖ 만약 다른 곳의 부정적인 사람인 역적자(逆賊者)를 제거하려는 이는 반드시 보극수 진언을 외우라.

㉗ 만약 일체의 모든 하늘과 훌륭한 신들을 부르려는 이는 반드시 보라수 진언을 외우라.

㉘ 만약 일체의 귀신을 다루려는 이는 반드시 촉루장수 진언을 외우라.

㉙ 만약 시방의 모든 부처님이 빨리 오셔서 손을 내밀어 주길 원하는 이는 반드시 수주수 진언을 외우라.

㉚ 만약 일체의 최상의 미묘한 우주의 소리(梵音)를 들으려는 이는 반드시 보탁수 진언을 외우라.

㉛ 만약 조리 있는 말과 좋은 말을 하려는 이는 반드시 보인수 진언을 외우라.

㉜ 만약 훌륭한 신과 용왕이 언제나 와서 옹호 해주기를 바라는 이는 반드시 구시철구수 진언을 외우라.

㉝ 만약 일체의 중생을 자비로 보호하려는 이는 반드시 석장수 진언을 외우라.

㉞ 만약 일체의 중생들이 언제나 공경하고 사랑하는 마음을 가지게 하려는 이는 반드시 합장수 진언을 외우라.

㉟ 만약 중생들이 부처님 근처에서 떠나지 않는 곳에서 태어나려는 이는 반드시 화불수 진언을 외우라.

㊱ 만약 세세생생 언제나 부처님 궁전 안에 있고 탯덩이(胎藏) 몸을 받지 않으려는 이는 반드시 화궁전수 진언을 외우라.

㊲ 만약 많이 듣고 널리 배우고자 하는 이는 반드시 보경수 진언을 외우라.

㊳ 만약 현생의 몸이 부처의 몸이 될 때까지 깨닫고자 하는 마음(菩提心)에서 물러서지 않으려는 이는 반드시 불퇴금륜수 진언을 외우라.

㊴ 만약 시방의 모든 부처님께서 빨리 오셔서 정수리를 만지시고 수기해주시기를 바라는 이는 반드시 정상화불수 진언을 외우라.

㊵ 만약 모든 과일과 열매와 곡식을 심어서 얻고자 하는 이는 반드시 포도수 진언을 외워라.

㊶ 만약 모든 목마른 이들과 아귀들에게 청량함을 주려는 이는 반드시 감로수 진언을 외우라.

㊷ 만약 삼천대천세계의 원적인 마군의 항복을 받으려면 반드시 총섭천비수 진언을 외우라.

삼보(三寶)에 귀의하옵나니, 관음대성존(觀音大聖尊)이시여, 성취하게 하소서.

부록

- 용어 찾아보기
- 산스크리트 발음
- 실담어(悉曇語) 발음

용어 찾아보기

가

금강저(金剛杵)－바즈라(Vajra)로 알려져 있으며 천둥 번개란 뜻이 있으며 불교, 힌두(Hindu)교, 자이나(Jaina)교에서 성스러운 것의 상징임.

나

나마(Nama)－인도어로 귀의(歸依)한다는 뜻

다

다라니(Dharani)－진언(眞言), 성스러운 소리

드비차트바림사트(Dvicatvarimsat)－42

라

리그 베다(Rig Veda)－인도의 최초의 경전

마

마이트리(Maitri)－미륵불(彌勒佛)인 마이트레야(Maitreya)의 어원이며, 사무량심(四無量心)의 자(慈)로 번역이 되는 어원

마하(Maha)－위대한, 큰

만트라(Mantra)－진언(眞言), 우주적인 소리

무드라(Mudra)－수인(手印), 우주의 흐름을 표시하는 것, 손동작

바

보살(菩薩)－산스크리트어로 보디사트바(Bodhisattva)이며 보디(Bohdi)는 지혜나 이성, 앎의 단어이며, 사뜨바(Sattva)는 좋은, 아름다운, 선(善)하다라는 단어인데, 이 둘이 합쳐져 나온 것이 바로 보디사뜨바, 즉 보살(菩薩)이라는 단어이다. 보살이란 부처님이 되기까지 또는 해탈에 이르기까지 얼

마남지 않은 카르마(Karma) 또는 업(業)을 지니고 있는 상태로 이 세상에 존재하는 자비로우며 지혜로운 이를 말한다.
베다(Veda)－불교이전의 경전이며 가장 오래된 경전이며 지식이란 뜻을 가지고 있다. 기원전 1500년 전부터 구전(口傳)으로 내려오는 경전
법라(法螺)－산스크리트어로는 파운드라(Paundra)이며 진리의 소리를 내는 악기
비쉬누(Vishunu)－인도의 주요 3신중의 하나이며 유지의 신

사

사바하(Savaha)－스바하(Svaha)이며 그 뜻은 "그렇게 되다" 또는 "영원하다", "원만하다", "성취하다"는 뜻이다.
사무량심(四無量心)－불교의 가르침 중에 가장 중요한 4가지의 가르침인데 자비희사(慈悲喜捨)를 말하며 산스크리트어로는 자(慈)는 마이트리(Maitri), 비(悲)는 카루나(Karuna), 희(喜)는 무디따(Mudita), 사(捨)는 우뻬크샤(Upeksha)이며 나와 다른 이를 동시에 발전시킨다는 덕목이다.
삼보(三寶)－산스크리트어로는 트리라트나(Triratna)이며 불교의 핵심적인 가지의 귀중한 것 또는 보물인데 첫째는 부처님(佛)이며 붓다(Buddha)이고 둘째는 부처님의 가르침(法)이며 다르마(Dharma)이며 세 번 째는 상가(Sanga) 또는 승단(僧團)이며 스님들의 공동체를 말한다.
삼천대천세계(三千大千世界)－산스크리트어로는 트리사하스라마하사사하스라로카(Trisahasramahasahasraloka)이며 세계의 중심에 수메루(Sumeru) 또는 수미산(須彌山)이 있고 그 중심으로 해・달・4대주・육욕천・범천을 합하여 하나의 세계가 된다. 이 하나의 세계 1천 개 모인 것이 소천세계(小天世界)이고, 소천세계가 1천 개 모인 것이 중천세계(中天世界)이며, 중천세계 1천 개가 모인 것이 대천세계(大天世界)가 된다. 이러한 대천세계가 3천 개 모인 것이 삼천대천세계이다.
수트라(Sutra)－경전(經典)이라고도 해석이 되며 성스러운 말이라고도 한다.

싯담(Sadham)어－산스크리트의 변형된 언어로서 중국, 한국, 일본에서 경전에 많이 쓰여졌다.
십일면관음(十一面觀音)－11개의 얼굴의 가진 관음보살이며 산스크리트어로는 에카다사묵카(Ekadasamuka)이다.

아

아발로키데스바라(Avalokitesvara)－아발로키타(Avalokita)는 바라보다는 뜻이며 이스바라(Isvara)는 위대한자 또는 인격신이며 관세음보살(觀世音普薩) 또는 관자재보살(觀自在普薩)로 번역된다.
아르야발로키데스바라야인 관세음보살(觀世音普薩) 또는 관자재보살(觀自在普薩)신앙은 대승불교 신앙의 꽃이다. 세계의 불교에는 스리랑카, 버마, 태국, 라오스 등의 상좌불교(上座佛敎)와 티베트의 서장밀교(西藏密敎), 중국, 한국, 일본의 대승불교(大乘佛敎)와 선불교(禪佛敎)가 있는데, 특히 티베트 밀교와 동양 삼국인 중국, 한국, 일본에서의 이 관세음보살 신앙은 불교가 민중에게 쉽게 다가가도록 교량역할을 하는 매개체가 되었다.
관세음보살은 대승경전인 법화경(法華經)이나 화엄경(華嚴經)에도 나타나며, 다른 여러 이름을 가지고 있기도 한데, 모두 여섯 관음보살을 중심으로 이루어져 있다. 가장 중심 되는 관음이 성관음(聖觀音)인 아리야(Arya)를 비롯하여 11개의 얼굴을 지닌 십일면관음(十一面觀音)인 에카다사묵카(Ekadasamuka), 천 개의 팔과 눈을 가진 천수천안관음(千手千眼觀音)인 사하스라부자 사하스라네트라(Sahasrabuja Sahasranetra), 보석의 바퀴 여의륜관음(如意輪觀音)인 친타마니 차크라(Chintamani Cakra), 말의 얼굴을 지닌 마두관음(馬頭觀音)인 하야그리바(Hayagriba), 중생의 재난을 없애주는 준제관음(准提觀音)인 춘디(Cundi)가 있으며, 이 여섯 관음 외에도 모든 중생을 놓치지 않고 그물로 건지겠다는 불공견삭관음(佛空羂索觀音)인 아모가파사(Amoghapasa), 흰옷을 입은 백의관음(白衣觀音)인 판다라바시니(Pandaravasini), 등 33개의 이름을 가지고 있다.
현장스님의 대당서역기(大唐西域記)에 의하면, 관세음보살의 성지는 지역적으로 지금의 남 인도의 케랄라(Kelala)주에 있는 사다니말라(Sadanimala)

에 포탈라카(Potalaka) 산, 즉 보타낙가(普陀洛迦) 산에 있다고 하였다. 중국에는 절강성(浙江省) 주산열도의 보타산에 성지가 있으며, 한국에는 3대 관음보살 성지인 강릉의 낙산사(洛山寺)의 홍련암(紅蓮庵), 남해의 보리암(菩提庵), 강화도의 석모도의 보문사(普門寺) 등 여러 곳이 있다.
관음보살 신앙의 장점은 자신을 다 맡길 수 있음으로 일어나는 마음의 안정과 편안함을 가지게 되고, 그렇게 됨으로써 자신의 미래를 바라볼 수 있으며, 사물에 대한 감사와 놀라움을 지니게 하는 외경(畏敬)을 가져오게 하는 것이다.
우파니샤드(Upanishad)—베다(Veda)이후의 기원전 1000년 전부터 내려오는 경전이며 스승에게 다가간다는 뜻이다.

차

천수천안(千手千眼)—천 개의 손과 눈을 가지고 중생을 보호한다는 관세음보살을 말한다. 산스크리트어로 사하스라부자 사하스라네트라 (Sahasrabuja Sahasranetra)이다.
청정관음(淸淨觀音)—자애롭고 푸른 목을 지닌 관음보살
총지(總持)—다라나(Dharana)이며 위대하여 언제나 고귀하여 잊어버리지 않고 간직하는 것

카

카루나(Karuna)—자(慈) 또는 자비(慈悲)를 말한다. 카루나는 대승불교의 큰 서원인 사무량심(四無量心) 중에서 "다른 사람의 마음과 같은 마음으로 생각하는 마음"과 같은 것이다. 한자로는 비(悲)라고 번역이 되었으며, 무량한 네 가지 마음 중의 하나이다.

파

팔리(Pali)—근본불교의 언어이며 대승불교 전(前)의 언어이다.
파드메(Padme)—연꽃을 말한다.

산스크리트(梵語) 발음

모음

① अ A

② आ Ā (길게)

③ इ I

④ ई Ī (길게)

⑤ उ U

⑥ ऊ Ū (길게)

⑦ ऋ Ṛi

⑧ ऋ Ṛī (길게)

⑨ ऌ Ḷi

⑩ ए E

⑪ ऐ AI

⑫ आ O

⑬ आ AU

⑭ अं AM (주로 ㅁ 또는 ㄴ 받침)

⑮ अः AH

<참고>

이 책에 발음된 산스크리트 '모음'

- A와 Ā 는 모두 '아'로,
- I와 Ī 는 모두 '이'로,
- U 와Ū 는 모두 '우'로,
- Ṛi와 Ṛī 는 모두 '리로 표기

자음

⑴ 후음: क ka ख kha ग ga घ gha ङ ṅa

⑵ 구개음: च cha छ chha ज ja झ jha ञ ña य ya श śa

⑶ 반설음: ट ṭa ठ ṭha ड ḍa ढ ḍha र ra ष sha

⑷ 치음: त ta थ tha द da ध dha न na ल la स sa

⑸ 순음: प pa फ pha ब ba भ bha म ma व va

⑹ 기음: ह ha

<참고>

이 책에 발음된 산스크리트 자음'

- ka와 kha 발음은 모두 '카' 로
- ga와 gha 발음은 모두 '가' 로,
- ja와 jha 발음은 모두 '자' 로,
- ta와 tha, ṭa, ṭha 발음은 모두 '타' 로,
- cha와 **chha** 발음은 모두 '차' 로,
- da와 dha, ḍa, **ḍha** 발음은 모두 '다' 로,
- pa와 pha 발음은 모두 '파' 로,
- ba와 bha, va 발음은 모두 '바' 로,
- s와 śa 발음은 모두 '사' 로,
- sha 발음은 '샤' 로,
- Na와 **ña** 발음은 모두' 나' 로,
- **ṅa** 발음은 주로 'o' 받침으로 표기

실담어(悉曇語) 발음

모음

① 𑖀 A
② 𑖁 Ā (길게)
③ 𑖂 I
④ 𑖃 Ī (길게)
⑤ 𑖄 U
⑥ 𑖅 Ū (길게)
⑦ 𑖆 Ṛi
⑧ 𑖇 Ṛī (길게)
⑨ 𑖈 Ḷi
⑩ 𑖉 Ḷī (길게)
⑪ 𑖊 E
⑫ 𑖋 AI
⑬ 𑖌 O
⑭ 𑖍 AU
⑮ 𑖀𑖽 AM (주로 ㅁ 또는 ㄴ 받침)
⑯ 𑖀𑖾 AH

<참고>

이 책에 발음된 실담어 '모음'

• A와 Ā 는 모두 '아'로,

• I와 Ī 는 모두 '이'로,

• U 와Ū 는 모두 '우'로,

• Ṛi와 Ṛī 는 모두 '리로 표기

자음

⑴ 후음(喉音) : 𑖎 ka 𑖏 kha 𑖐 ga 𑖑 gha 𑖒 ṅa

⑵ 구개음(口蓋音) : 𑖓 cha 𑖔 chha 𑖕 ja 𑖖 jha 𑖗 ña

⑶ 반설음(半舌音) : 𑖘 ṭa 𑖙 ṭha 𑖚 ḍa 𑖛 ḍha 𑖜 ṇa

⑷ 치음(齒音) : 𑖝 ta 𑖞 tha 𑖟 da 𑖠 dha 𑖡 na

⑸ 순음(脣音) : 𑖢 pa 𑖣 pha 𑖤 ba 𑖥 bha 𑖦 ma

⑹ 반모음(半母音) : 𑖧 ya 𑖨 ra 𑖩 la 𑖪 va

⑺ 마찰음(摩擦音) : 𑖫 śa 𑖬 ṣa 𑖭 sa

⑻ 기음(基音) : 𑖮 ha

<참고>

이 책에 발음된 실담어 "자음'

- ka와 **kha** 발음은 모두 '카' 로
- ga와 gha 발음은 모두 '가' 로,
- ja와 **jha** 발음은 모두 '자' 로,
- ta와 **tha,** ṭa, ṭha 발음은 모두 '타' 로,
- cha와 chha 발음은 모두 '차' 로,
- da와 **dha, ḍa, ḍha** 발음은 모두 '다' 로,
- pa와 pha 발음은 모두 '파' 로,
- ba와 bha, va 발음은 모두 '바' 로,
- s와 śa 발음은 모두 '사' 로, **sha** 발음은 '샤' 로,
- Na와 **ña** 발음은 모두' 나' 로, **ṅa** 발음은 주로 'o' 받침으로 표기